復刻継承版

この平和への願い

長野県開拓団の記録

信濃毎日新聞社編
解説・黒崎正己

「復刻継承版」の刊行にあたって

この悲劇を知らずにいていいはずがない――

本書には、悲劇と表現するにはあまりにも残酷な事実の証言が集められている。

「この平和への願い　長野県開拓団の記録」は、信濃毎日新聞に1965（昭和40）年8月8日から10月2日まで掲載した連載記事を収録し、同年に最初の旧版が発行された。その後、68年（「平和のかけはし　長野県開拓団の記録と願い」に収録）、また76年に再版された。戦前、国策の名の下に長野県各地から旧満州へと渡った開拓団の悲惨な実態を、いち早く掘り起こすとともに、その後の慰霊訪中団や現地に残った人々の里帰り実現をめざす機運を高めるきっかけとなった。

そして今回、次代への継承を願う当時の取材記者ご家族からの申し出を受け、三たびの復刊となった。今回の刊行にあたっては、反戦ジャーナリストの故むのたけじ氏にちなむ「むのたけじ地域・民衆ジャーナリズム賞」で、ドキュメンタリー番組「言わねばならな

いこと　新聞人・桐生悠々の警鐘」により第一回大賞を受賞した北陸朝日放送記者の黒崎正己氏に、この古い記事から今、何を読み取り教訓とすべきか解説してもらった。悲惨な記録とともに平和への願いが受け継がれることを期してタイトルには「復刻継承版」と冠した。なお、戦後二十年にあたる連載時の取材班の思いをあらためて伝えるため、最初の旧版「まえがき」をそのまま掲載し、新復刻版のまえがきに代えさせていただく。

（旧版刊行から年数を経ているため、旧漢字や一部ひらがな表記であったものを現在の漢字にあらためた。現在の新聞用語の基準では不快用語とされている表現もあるが、復刻版という趣旨から連載時点のままとした。文中掲載の証言者の年齢、居住地、肩書等は新聞連載当時のままである）

信濃毎日新聞社　出版部

まえがき

（1965年刊行　旧版より）

歳月の流れも、その悲しみをいやすことはできなかった。終戦二十年を機に、信濃毎日新聞に連載した「この平和への願い——長野県開拓団の記録」を終わって、戦争の傷あとがまだ激しくうずいていることを知った。

本書は、四十五回の連載企画の内容に、義勇隊の記録を追加し、さらに年表、写真、地図をおりこみ、記録性を強く出して編集したものである。敗戦の混乱時にたどった満州開拓団の最後は、婦女子、老人が多かっただけに終戦史のなかでも、もっとも悲惨であった。長野県は全国一の開拓団を送り出し、一万五千人をこえる犠牲者を出した。誤った戦争にまきこまれた民間人の悲劇を記録にとどめ、平和への決意を新たにしたい。これが私たちの願いである。

県社会部や開拓団関係者から資料、写真を集め、ほぼ二十年前を再現することができた。虐殺、飢え、寒さ、放浪、病魔、自決……。平和への代償というにはあまりにも悲惨であった。連載企画は、回を重ねるにしたがい県民の間に大きな反響を呼んだ。「二度と悲劇をくり返してはならない」「こんな事実をはじめて知った」といった投書があいつぎ、その数は二百通をこえた。

また、この企画をきっかけに各地に「慰霊団を」という動きが高まっている。十月五日には長野県議会も旧満州への慰霊・遺骨収集代表団派遣の意見書案を全会一致で可決した。いまなお北満の荒野に眠る多くの犠牲者をしのび、この記録を平和への祈りにかえたい。

昭和四十年十一月

信濃毎日新聞社編集局長

矢島貞雄

目次

目次

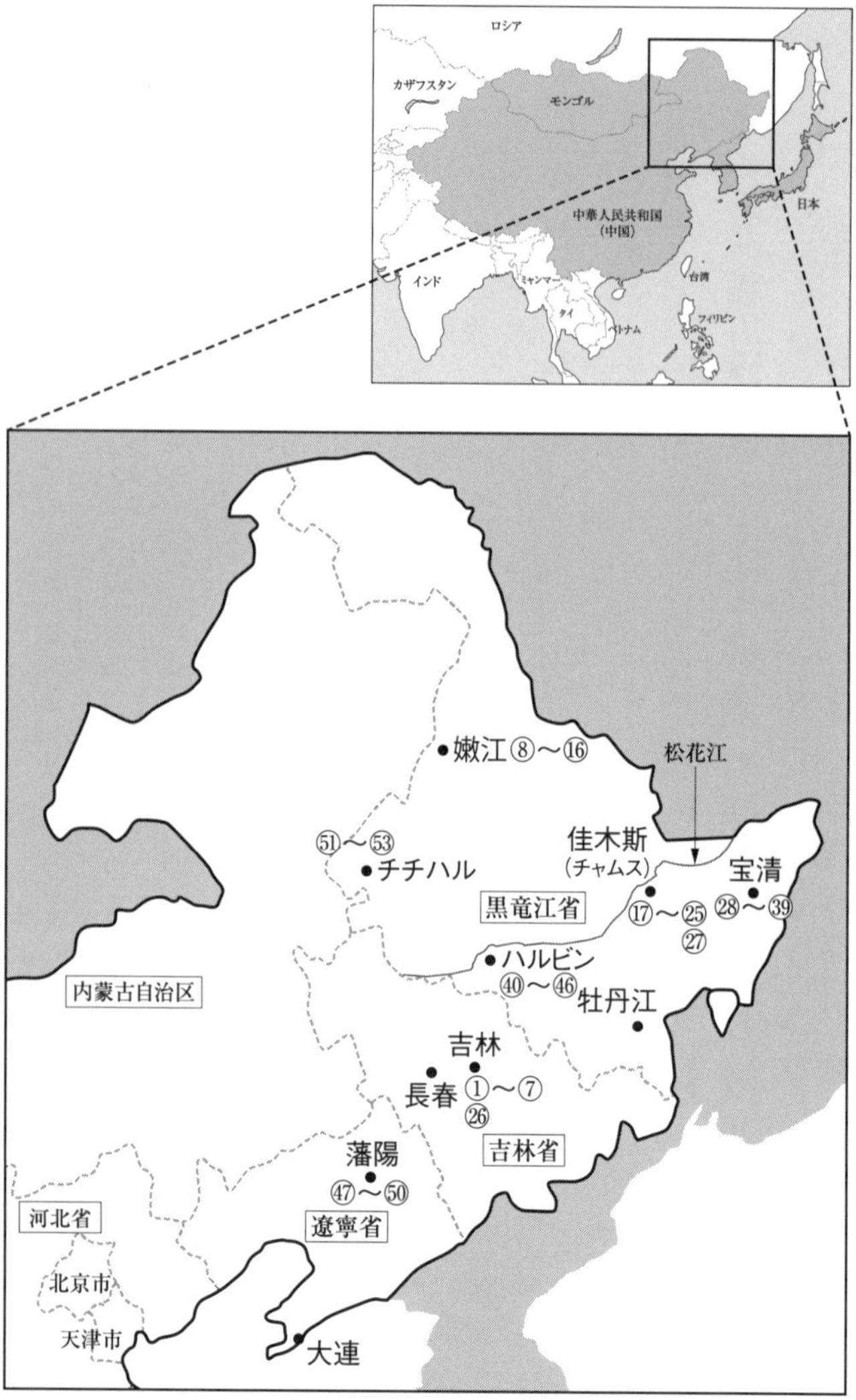

（注）①地名は40年現在のもの。②番号は次ページにある開拓団の所在地を示す。

◇旧満州国と現在（ゴジック体）の省名

黒竜江省	北安省　竜江省　黒河省　浜江省　三江省　東安省　牡丹江省
吉林省	新京特別市　吉林省　間島省　通化省　四平省
遼寧省	四平省　安東省　奉天省　関東省　錦州省　熱河省
内蒙古自治区	興安北省　興安東省　興安南省　興安西省　内蒙古
河北省	河北省　内蒙古　熱河省

長野県送出開拓団 (1) 〔長野県社会部調べ〕

【一 般 開 拓 団】

団名	所在地		送りだし		帰国	死亡	未帰国
	省	県	人員	戸数			
①大日向村	**吉林**	**舒蘭**	**766**	**189**	**378**	**385**	**3**
②水曲柳	吉林	舒蘭	1,105	272	816	280	9
③金沙河北安曇	吉林	樺甸	285	68	92	192	1
④石碑嶺河野村	吉林	長春	99	27	26	73	0
⑤双河鎮	吉林	永吉	129	24	101	27	1
⑥白山子	吉林	永吉	89	21	67	22	0
⑦江密峰	吉林	永吉	126	31	112	14	0
⑧芙蓉郷	北安	克山	393	90	160	228	5
⑨孫船八ケ岳	北安	北安	765	211	373	385	7
⑩岡谷郷	北安	北安	148	36	74	73	1
⑪薬伊黒姫	北安	徳都	171	48	40	115	16
⑫南陽伊那富	北安	徳都	187	47	76	110	1
⑬双竜木曽	北安	徳都	120	54	44	73	3
⑭旭日落合	北安	徳都	187	63	101	85	1
⑮宝泉木曽	北安	徳都	540	156	239	272	29
⑯八州	北安	嫩江	230	5	181	49	0
⑰読書村	**三江**	**樺川**	**817**	**175**	**249**	**522**	**48**
⑱泰阜村	**三江**	**樺川**	**1,012**	**224**	**340**	**554**	**118**
⑲推峯御嶽	三江	樺川	30	30	19	11	0
⑳大古洞	三江	通河	946	189	497	403	46
㉑小古洞	三江	通河	580	132	204	346	30
㉒上久堅村	三江	通河	700	147	202	445	53
㉓張家屯	三江	通河	1,149	264	504	603	42
㉔東筑摩	**三江**	**通河**	**353**	**90**	**44**	**282**	**27**
㉕飯田郷	三江	通河	132	26	25	103	4
㉖信摩	吉林	長春	179	42	158	21	0
㉗千代村	三江	湯原	469	107	270	191	8
㉘黒台信濃	東安	密山	1,523	335	450	992	81
㉙長野村	東安	密山	1,372	293	444	887	41
㉚千曲郷	東安	密山	524	109	191	281	52
㉛更級郷	**東安**	**宝清**	**474**	**113**	**73**	**398**	**3**
㉜高社郷	**東安**	**宝清**	**701**	**169**	**120**	**574**	**7**
㉝下水内郷	東安	宝清	579	132	189	346	44
㉞埴科郷	東安	宝清	313	75	58	251	4
㉟小主南安曇郷	東安	宝清	158	65	50	96	12
㊱上高井郷	**東安**	**宝清**	**302**	**61**	**92**	**203**	**7**
㊲南信濃郷	**東安**	**宝清**	**495**	**108**	**141**	**329**	**25**
㊳阿智郷	**東安**	**宝清**	**215**	**79**	**46**	**151**	**18**
㊴大門村	東安	勃利	594	123	241	334	19
㊵川路村	浜江	木蘭	454	121	316	125	13
㊶富士見村	**浜江**	**木蘭**	**809**	**155**	**630**	**177**	**2**
㊷歓喜嶺佐久	**浜江**	**木蘭**	**543**	**134**	**202**	**315**	**26**
㊸楢川村	浜江	木蘭	202	36	125	77	0
㊹中和鎮信濃村	浜江	延寿	1,107	260	157	899	51
㊺李花小県	浜江	延寿	374	88	145	205	24
㊻宝興長野	浜江	延寿	201	57	65	120	16
㊼三台小諸	奉天	康平	328	54	249	79	0
㊽松本郷	奉天	康平	296	64	231	64	1
㊾康平長野	奉天	康平	253	57	206	46	1
㊿盤山南佐久	錦州	盤山	34	5	31	3	0
(51)永和三峯	興安東	布特合旗	296	68	155	133	8
(52)大平富貴原	興安東	阿栄旗	298	97	188	103	7
(53)南地伊南	興安東	阿栄旗	256	64	151	91	14
		(合計)	24,408	5,690	10,338	13,141	929

長野県送出開拓団　(2)

【義勇隊・義勇開拓団】

隊（団）名	所在地 省	所在地 県	送りだし	帰国	死亡	未帰国
対店柿崎	北安	海倫	237	184	53	0
鉄驪小池	北安	慶安	249	207	42	0
嫩江丸山	北安	嫩江	249	196	50	3
八州松田	北安	嫩江	230	214	15	1
三江両角	三江	湯原	273	196	75	2
東安屯所	東安	密山	185	72	112	1
興安斉藤	興安南	西科後旗	251	66	184	1
国美	三江	樺川	284	215	69	0
鳳鳴	三江	蘿北	278	203	75	0
信州綜合	**東安**	**密山**	**699**	**480**	**213**	**6**
柏葉	東安	虎林	220	171	49	0
北尖山	東安	宝清	266	232	34	0
東海浪	牡丹江	寧安	294	224	70	0
西海浪	**牡丹江**	**寧安**	**240**	**168**	**72**	**0**
金剛	牡丹江	寧安	42	27	15	0
大隅	東安	勃利	124	94	30	0
宝石	東安	宝清	65	35	30	0
曙	北安	通化	164	130	34	0
北斗	北安	鉄驪	30	17	13	0
八州	北安	嫩江	285	234	51	0
長崗	浜江	葦河	225	175	50	0
大林	三江	樺川	54	41	13	0
南英	竜江	訥川	150	98	52	0
七道岑	竜江	洮南	111	83	28	0
寧年	竜江	富裕	56	47	9	0
大東	東安	勃利	95	70	25	0
南台	吉林	蚊河	25	22	3	0
一徳	興安南	通遼	47	42	5	0
		（合計）	5,428	3,943	1,471	14

【各県混成開拓団】

団名	所在地 省	所在地 県	送りだし 人員	送りだし 戸数	帰国	死亡	未帰国
弥栄	三江	樺川	167	32	102	65	0
西弥栄	三江	樺川	34	8	17	17	0
千振	三江	樺川	175	48	114	61	0
瑞穂	北安	綏稜	164	33	26	138	0
開原城子河	吉林	舒蘭	44	10	15	27	2
高山子自警村	錦州	黒山	104	22	100	4	0
哈達河	東安	鶏寧	150	30	20	129	1
西東安農工	東安	密山	75	29	51	11	13
嫩江農工	北安	嫩江	48	9	16	5	27
東寧農工	牡丹江	東密	67	15	34	33	0
		（合計）	1,028	236	495	490	43

1

満州へ、満州へ

1　忘れ得ぬ悪夢

異郷の教え子たち

「せんせーい　ほら金魚が…」—。真夏の庭先で子どもたちがはしゃぐ。明るい声に、にっこりするのは塚田浅江さん。五十五歳。昭和四十年の春、更級上山田小学校を最後に教壇を去った。夏休み。教え子は五年生。更埴市杭瀬下の自宅に遊びにやってきたのだ。水にたわむれる子どもたちに囲まれて塚田さんは、ふと、あの子たちのことを考える。腕白小僧、オカッパ頭、泣き虫…みんな死んでいった。あの子たちも五年生だった。二十年前、満州で教えた開拓団の子どもたちのことである。

塚田さんは太平洋戦争のはじまる昭和十六年、満州東北部の東安省宝清県尖山に入植していた更級郷開拓団の先生になった。二十年前の八月二十七日。小学校五年生以上の男女二十余人は、横なぐりの雨のような弾丸のなかへ突っ込んでいった。手にしたのは、ナイフで先をとがらせた木のヤリだった。「土壁から消えていったその光景はいまでも夢にみます」と、塚田さんは、ことば少なに話す。シワの刻まれた顔は、異境に死んだ子らのおもかげを追っているのか、寂しげである。

一万五千余人の犠牲

開拓団とともに五年余の生活は苦しくても楽しみがあった。二十年には麦が入植以来の豊作、働き手は兵役にとられたが、留守を守る妻子、老人が収穫にいそしんでいた。しかし、八月八日のソ連参戦は、こんな生活を一瞬にして吹きとばした。塚田先生がいた更級郷開拓団は同十日、正村秀二郎団長を先頭に三百八十七人が、南の牡丹江省をめざして避難を開始。これが死への旅立ちとなった。おりから北満は豪雨。ドロ沼の道路が避難群の足を奪う。居留民を守ってくれるはずの日本軍は、ほとんどいない。病人は、山中に捨てられ、わが子を井戸に投げ込み、死を選ぶ母親、発狂する老婆。飢えに倒れる人びと。そのうえにおそう暴徒の略奪。爆音と、銃声のなかを、さまよってたどり着いたのが東安省勃利県の佐渡開拓団跡。終戦も知らず、近くに不時着したソ連軍の飛行機を焼き払ったのが悪かったのか、同二十七日未明ソ連軍の攻撃を受けた。応戦したが、とうてい防ぎきれない。絶望した母親は狂乱。わが子の首をカマで切り、ひもでしめた。塚田さんの教え子たちも突撃して果てた。なだれ込んだソ連軍は婦女子、老人を漬け物小屋に押し込め手りゅう弾を投げこんだ。塚田さんは毒薬を飲んで目を閉じた。その直後、近くで手りゅう弾が爆発した。死—。意識をとりもどしたときは、女生徒にゆさぶられていた。どれだけたっていたのだろうか…。奇跡的に生きていたのだ。心なしか落日が目にしみる。白雲の流

入植風景—これにくらべ引き揚げは、まだ悲惨だった

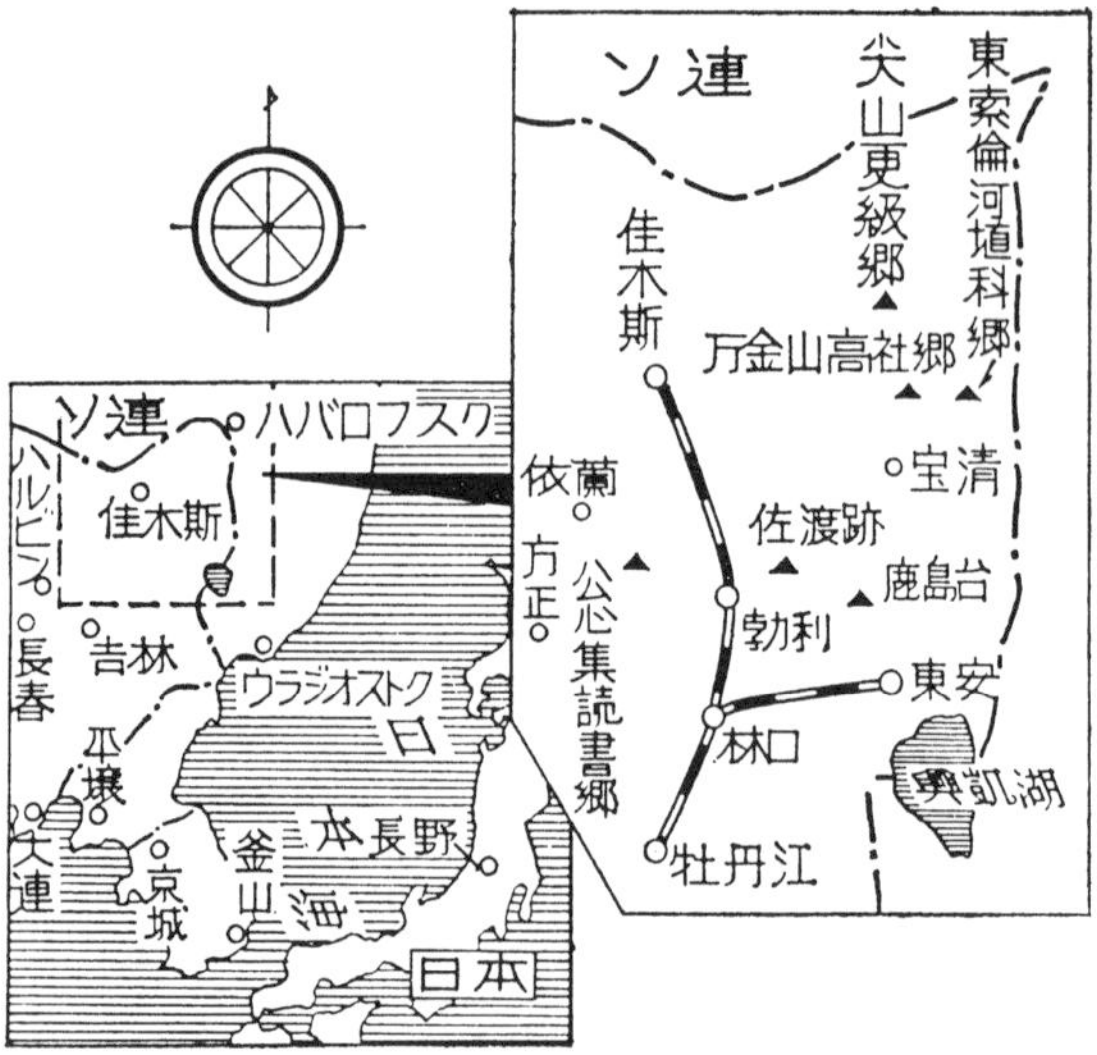

れもすでに初秋。声もなく悲愁にくれていた。

長野県社会部の資料だと、三百七十一人が戦闘に参加し二百十八人が戦死し、八十一人が自決したとある。この佐渡郷跡では、このほか高社郷（中野・下高井出身者）埴科郷（埴科郡出身者）南信濃郷（下伊那南部地区出身者）などが受難。このころ、満州に渡った県関係の九十三開拓団（義勇隊・混成開拓団などを含む）も各地で同じ悲劇をくりひろげていた。団員三万余人のうち、死亡者は、一万五千余人を数えたのだ。誤った国策の犠牲にしてはあまりにも大きな代償だった。

いのちの尊さこそ

戦争を知らない子どもたちを見るにつけ塚田さんは「満州の子どもたちはあまりにもふびんでした。それも戦争のためです」と、しんみり。避難民収容所に収容されたときは爆風のため目と耳が片方ずつ不自由になっていた。死を決意することもしばしば。生をつないだのは、「一般民間人で組織した開拓団の最後こそ、戦争のもつ悲劇の象徴です。死んでいったものは、もうかえってこない以上、生き残った者が何をしなければならないのか。過ちをくり返さないために、この体験の報告をするまでは……」という執念だった。そして引き揚げ後、再び小学校の先生になった。

かすかなるほほえみ遺し父母のもとへ
眠る如くに旅立ちゆけり

異境の空に消えていった子らにつながる限りない平和への願い。塚田さんが見る忘れ得ぬ悪夢は、他の開拓者、義勇隊とともにいまもなお、まぼろしの満州の荒野をかけめぐっている。

2　結成の動き

開拓史をたどる

更級郷開拓団が佐渡開拓団跡で終戦も知らずにソ連軍の攻撃を受けて全滅に近い状態におちいった八月二十七日から二日前の二十五日、同じ佐渡開拓団跡では、もうひとつの惨劇がおきていた。東安省宝清県万金山にいた高社郷開拓団の一団が生きのびる気力のあったわずかの団員をのぞいて全員自決したのだ。高社郷は、長野県下はもちろん全国的にも規模の大きい開拓団。それだけに佐渡開拓団跡での自決事件は、満州開拓史上でもっとも悲しいできごとのひとつだった。この高社郷開拓団を中心に長野県開拓団の送り出し、入植、背景などをたどってみよう——。

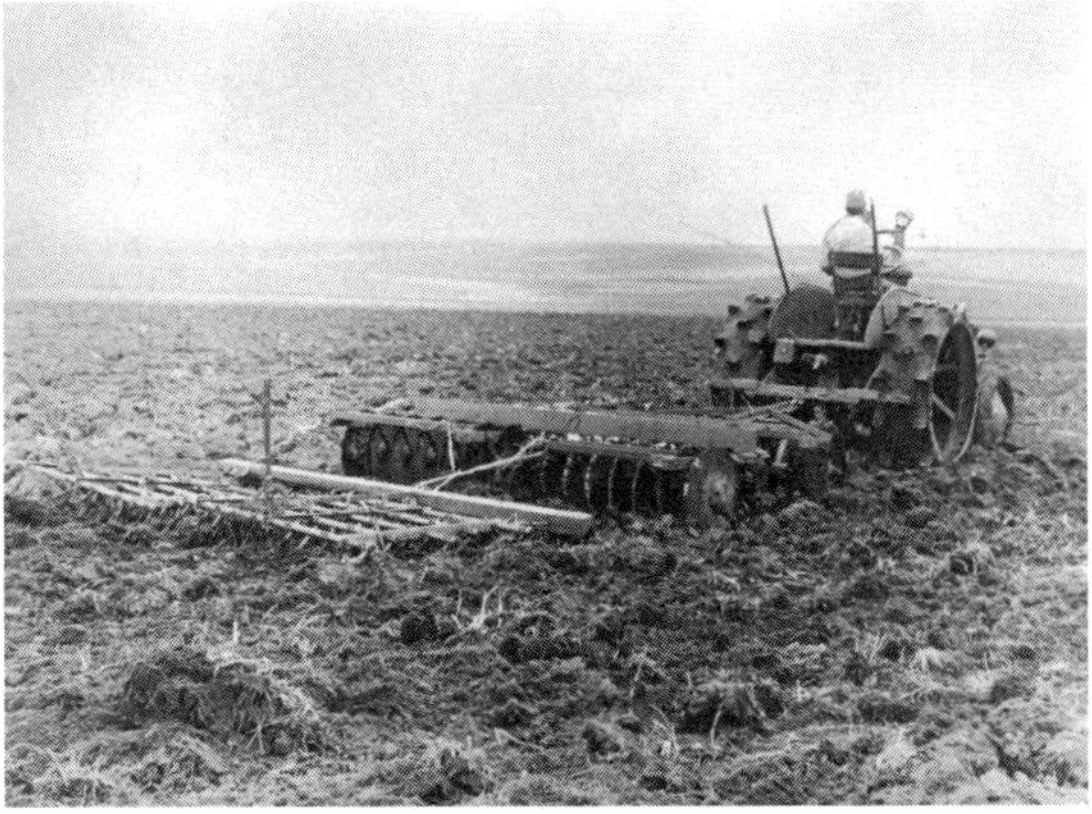

地平線がどこまでも続く満州の広野。ここへ、次々に開拓団が送り込まれた

戦争への歩みとともに

開拓団の悲劇の第一歩は、日本の戦争への歩みといっしょにはじまった。下高井郡下から集まった農民で結成した高社郷開拓団が、万金山に入植したのは、太平洋戦争がはじまる一年前の昭和十五年だった。開拓団を送ろうとの動きが下高井郡で持ちあがったのは同十一年ごろ。当時、旧穂高村（現木島平村）で下高井郡町村会長だった小林東平氏（現在下高井郡議長会長）ら町村会が中心となって満州移民運動をおこした。小林氏は「とにかく大東亜共栄圏建設の国策にそうというので、大変な力の入れ方

だった」と当時の様子を説明している。同十一年十一月、中野小学校で満州農業移民についての郡協議会を開き、翌十二年四月には、早くも下高井郡の分郡を満州につくるという高社郷分郷計画を郡関係者のほか県満州移住協会、農村更生協会、中央農村協議会に農林、拓務両省がバックアップしてつくった。高社郷とは下高井郡を象徴する高社山にちなんだ名前。計画には、下高井郡一町十九カ村のうち、科野、倭、木島、上木島、往郷、穂高、瑞穂、豊郷、市川、堺、夜間瀬、平野、穂波、延徳の十四カ村が加わった。その年の七月になって満州農業移民についての宣伝や開拓団員の嫁さがしを婦人会や女子青年団にたのみ、十月には満州に視察団を送った。どれほど高社郷分郷計画づくりを急いだかわかる。

講演会など開き宣伝

とにかく満州に開拓団を送り出す計画だけはできた。そのときつくった「高社郷建設大綱」では「皇道精神に立脚し、満蒙開拓の国策に順応し、相い提携して、その文化向上と産業開発を指導すべき民族的使命を遂行し、東亜永遠の平和を確立すると共に農耕地の適当なる調整により農民生活の安定を図り経済更生への基礎確立を期す」というのが計画の基本的な考え方だった。このため五年間に千五百戸を満州に送り出すことが目標で、具体的には、移民九百戸、青少年義勇隊五百五十人で、手はじめとして同十四年春、三十人の先遣隊を送るというものだった。この計画を実行に移すために十四カ村で高社郷満蒙開拓協会ができ、翌十三年には、移民を奨励するために講習会や満州から帰った人の講演会があり、開拓地の様子がさかんに宣伝された。

二の足を踏む農民

だが、報告される満州の様子は、必ずしも、宣伝のほど〝バラ色〟ばかりではなかった。十四年春、そのころすでに入植している満州開拓団の視察から帰った高社郷の佐藤副治氏は報告のなかで、昭和九年、拓務省の第三次武装移民として二十七戸が入植していた瑞穂村にふれた。佐藤氏は「瑞穂村では現在一戸四千円の借金があり、税金、償還金を払うために金が残らない。現在は借金に追われている始末。教育設備も悪い。楽をしようとの考え方では行けない。官公吏として行く者はすすめる。満人の上に位し、優遇もされる」と、満州移民悲観論をぶった。こんなこともあってか、満州移民の呼びかけに対し、当時の農村の人たちには「趣旨はわかるが不安だ」と二の足を踏む人が多かった。

無理やりの国策

十三年十二月「下高井郡民を以《も》って満州に　一村建設　其《そ》の名は満州高社郷」と先遣隊、幹部の募集ポスターを出した。だが、翌十四年一月十五日までに予定数の三十人が集まらず、締め切り日を一カ月のばした。しかし、移民悲観論も「非常時」の声にかき消され、素朴な農家の人たちは「国のため、郷土のため」と、重い腰をあげる人たちもいた。ようやく、先遣隊の応募者は十三人になった。これら先遣隊員たちの決意は「われらは国策に順応し、どんな困難にも耐え、大陸に進出し八紘一宇《はっこういちう》の大理想を達成するために高社郷建設のためにまい進する」という精神主義的なものだった。小林東平氏らといっしょに夜を徹して村をまわり、満州移民を説いて歩いた山本直右衛門氏（下高井山ノ内町戸狩・のちに高社郷開拓団長）は、「当時の人たちは、だれかが行けばという気持ちだった。だから村へ割り当てもし、責任を持っていつまでに出せとはっぱをかけた。今から考えればあやまった国策にのったわけだが、わたし自身だつて〝赤紙〟をもらったような気持ちで満州に渡った」と述懐している。開拓団の悲劇は〝国策〟におどらされた無理な送り出しから始まったのだ。

3　せっぱつまって

相次いだ出稼ぎ

「満州に行けば、二十町歩（二十ヘクタール）の地主になれる」――満州移民の募集が盛んだった昭和十二、三年ごろ、こんな宣伝文句が農村の人たちの心をとらえた。当時、農村は昭和四年ニューヨーク株式の大暴落に端を発して世界をおそった大恐慌のあおりで、貧困のどん底にたたき落とされていた。とりわけ耕地のせまい山村の貧しさは目をおおうばかり。出稼ぎが相次いだ。昭和十三年、第八次の満州農業移民先遣隊募集のポスターが「計画なき出稼をやめ、行け満州の新天地」とよびかけたのはそんな世相の反映だった。心のなかにわだかまる渡満に対する不安を乗り越えさせたのも満州の広大な土地に対する貧しい農民のあこがれだった。

高社郷開拓団を送り出した下高井郡も不況にあえいでいた。当時下高井郡は、田畑が八千三百ヘクタールほどであるのにくらべ山林が六万ヘクタールを超えており、耕地面積はせまかった。そのうえ、広い山林も交通の便が悪く木材の運び出しも不便。そのうえ、た

こんなポスターが県下各地の市町村に張り出され、開拓団員の募集がさかんにおこなわれた

びたび冷害に見舞われた。戦時中、県知事のきも入りで下高井農林学校（現下高井農林高校）の生徒らが志賀高原に十四ヘクタールを開墾したが、作物は、ほとんどできない土地柄だった。それに、農家の経営規模は、昭和十三年当時、郡全体で九千六百七十七世帯のうち、〇・五ヘクタール未満が三六％、〇・五ヘクタールから一ヘクタールが三七％。農業だけでなんとか生活できる農家は、残りの二六％だけ。耕地をふやそうとしても急傾斜が多く、また、高冷地のため開墾はできなかった。しかし、「生めよ　ふやせよ」が、家庭づくりの国策だった。人口だけは、年間に平均二千人ぐらいふえた。生活に追われる農家では二男、三男をどうするかが大きな悩みとなった。

農村問題のはけ口

こんなところへ満州移民の国策が打ち出された。農村の為政者は、満州移民でなんとか農村の経済更生をはかろうとした。小林東平高社郷満蒙開拓協会長は、満州高社郷建設設計書のなかで「農業恐慌いらい昭和七年を契機とした経済更生運動も着ちゃく実績をおさめているが、最後に残された問題は、世界にくらべるもののないほど小さな経営をしているわが農村の土地、人口問題だ。さいわい移民計画の樹立をみたのは、農村更生への一大躍進だ。高社郷の建設の意義もここにある」と書いている。つまり、広い満州に農民を送り出し、残った農民の耕地をふやそうというわけで、高社郷建設大綱は各村で農耕地の調整をし、一戸当たりの農地面積を一・五ヘクタールに引き上げるのを目標にして移民計画をたてた。いわば当時の〝農業構造改善事業〟として移民計画が登場したわけだ。農村のかかえる問題は、今も当時もあまりかわっていない。町村会などは、宣伝に力を入れた。その呼びかけ文句も「こんなせまいところにいても、どうにもならない。満州に渡ればもっとよい条件のところで働ける。二十町歩の地主になれるし、国のためにもなる。満州へ行って捨て石となれ」という調子だった。

県全体が農山村ともいえる長野県は、県自体が国からも目をつけられた。農村の大きな収入源だった養蚕は、昭和四年末の恐慌で生糸の輸出が激減して大きな打撃を受け、農家全体の四〇%をしめる養蚕農家は、苦境にあえぎ、特に〝養蚕県〟である長野県はひどかった。国は、長野県などの農業の行き方を転向させるために満州移民を奨励、長野県を開拓団送出の指定県とした。指定県は、ほかに福島、山形、宮城、栃木、茨城、岐阜、熊本などだった。さらに国は、開拓団送出郡も決めた。長野県からは、養蚕業を誇っていた下伊那が全国十六郡のなかに入っており、高社郷と同じように多くの犠牲を出す開拓団をいくつか送り出した。

分家を満州へ

だが、同じ不況に悩む農村でも耕地の広い平野部からは開拓団が出ないという内部事情があった。下高井郡でも一町十九カ村のうち中野町、高丘、長丘、日野、平穏、平岡などの平地の村（いずれも旧村）は高社郷開拓団の建設に積極的に参加しなかった。それにひきかえ、へき地山村は、せっぱつまった雰囲気だった。旧穂高村の芳川和夫助役は、郡をあげての開拓団員の送出や開拓団員の嫁の世話が思うにまかせないため、責任をとって自分から助役の職を捨てて満州に渡った。芳川氏は、のちに佐渡郷開拓団跡で夫人と三人の女の子どもとともに自ら生命を断った。こうした例はほかにもあったというが、農村の不況対策、二、三男対策としておこなわれた満州移民は「分家を満州に出すつもりだった」というには、あまりにも大きな犠牲が零細農民にはね返ってきたわけだ。

4　移民の幕明け

福島将軍が愛川村

関東州金州城外の大魏家屯の中国人部落に騎馬の一隊がやってきた。なかの一騎は、関東州都督で松本市出身の福島安正大将。将軍の胸のなかには日本から移民を入れようとの大構想が秘められていた。長野県開拓史の幕明けは大正二年秋にさかのぼる。「大魏家屯で米がよくできる」。こんな話が福島将軍の心を動かした。大魏家屯を視察した福島将軍は、山口県から移民をむかえ「愛川村」をつくった。その結果は失敗。翌大正三年末には見放されたが、その後の開拓団建設の手本となった。福島将軍は、日露戦争以来多くの日本人が血を流した満州への対策として〝移民〟の必要性を主張した。その年の十一月、更級郡連合青年大会に招待された福島将軍がおこなった満州移民についての講演は、聞く人の心をとらえた。旧稲荷山小学校の今井新重校長も手に汗をにぎって講演に聞き入っていたひとり。満州移民のとりことなった今井校長の決心はかたく、その月の二十五日、満州へとび大魏家屯などを視察してまわった。一方、都督を退き、東京にいた福島将軍は「愛川村」の再建を考え、それを今井校長にまかせた。今井校長は、更級、上水内、諏訪などの郡から十三人の移住者を集め、大正五年春、「愛川村」を復興した。

信濃海外協会が誕生

信濃教育会は、大正三年の総会で、海外発展主義教育を五大教育方針のひとつに決めた。陰に今井校長らの力があった。大正十四年、今井校長のひざもと更級郡教育会、校長会は、小学校を中心に海外発展思想を養うことを決め、当時の日本力行会長の永田稠氏（茅野市出身）の講演、南、北アメリカのスライドなどをみせ、小学生、教師、青年、婦人に「海外へゆけ」と呼びかけてまわった。この運動は、全県に広まったが、将来、教壇に立つ師範学校の生徒、中学校の生徒にも海外思想をたたき込むほど徹底したものだった。信濃教育会の海外教育は、やがて信濃海外協会の誕生となって実をむすんだ。永田稠氏と佐藤寅太郎信濃教育会長が協会設立の発起人にいたのはもちろんだが、小川平吉国勢院総裁、今井五介貴族院議員、岡田忠彦県知事らも加わった。

信濃海外協会の最初の仕事は、南米ブラジルのアリアンサ移住だった。児玉武千代信濃教育会主事も長野師範学校当時永田稠氏の講演を聞いたひとりだったが、そのころをふり返って「土地のせまい長野県だから海外に目を向ける教育をした先輩は、進歩的だった。それが満蒙開拓、義勇軍の悲劇につながりさえしなければ……」と語っている。〝海外雄飛〟は、山国信州の青年たちにひとつの目標を与えるものだったが、児玉主事の言うように、利用される危険をもち、やがて満蒙へ開拓団、義勇軍を送り出す下地をつくったことも事実だった。

松本市源池小学校で開かれた興亜教育大会（昭和16年11月７日）

拓務省が武装移民

信濃教育会が海外教育に熱をあげていたころ、日本を取りまく内外の情勢は、激動の一途をたどっていた。昭和四年にはじまった世界の大恐慌のあおりで不況のアラシが国内を吹きまくったが、行き詰まりの活路を満蒙に求めようとの動きが強まった。なかでも軍の一部は、武力によって低迷を続ける満蒙問題を解決しようとはかった。ついに、昭和六年九月十八日、関東軍は謀略により、奉天（現遼寧省潘陽）郊外の柳条溝で満鉄の線路を爆破し、満州事変をおこした。関東軍の手による「満州国」の建設へと、日本の満州支配は着々と進んだ。支配の第一歩は、永住民を置くことだった。関東軍は、内部に移民部をつくり、満州拓殖公社が生まれ、満州移民は国策となった。当時の拓務省は、昭和七年から十年まで四回にわたって三江省の永豊鎮などに武装移民を送った。愛川村以来満蒙移民熱が高まっていた長野県は、永豊鎮の第一次弥栄《いやさか》村へ三十九戸、第二次千振村へ二十八戸、第三次瑞穂村へ二十七戸、第四次吟達河へ四十六戸、城子河へ十九戸を送り出した。

県単位分村へ発展

その年、関東軍は移民政策強化のため十二年から二十年間で百万戸を移住させる計画をたて、時の広田内閣もこれを十大政策のひとつにとりあげた。すると県単位に移民団を送る動きが出た。長野県は十一年東安省密山県黒台に信濃村、翌十二年同県南五道崗に長野村、十三年には浜江省延寿県中和鎮に信濃村、吉林省舒蘭四家房に大日向村（旧南佐久大日向村出身者で結成）をそれぞれ建設した。

翌十四年からは、大日向村にならって村単位、郡単位の移民が相次ぎ、農村や都会で失業し、農村にもどった若者たちが続々と満州へ渡った。その規模は、全国各県を圧していた。高社郷開拓団が十五年第九次移民団として満州に立ったのもそんな情勢のなかからだった。

熱っぽい義勇隊勧誘

この間、わが国は昭和七年には、青年将校らが軍部政権確立をめざして犬養首相を「問答無用」と射殺した五・一五事件、昭和十一年の二・二六事件が相次いでおこり、翌十二年七月日中戦争ぼっ発への道をたどった。中国との戦いに主力をそそいでいれば北のソ満国境の守りが手薄になることは明らかだった。満州開拓団は、食糧を生産しながら、武器を持たされ〝北満の守り〟の役目を負わされたことは開拓団員がソ満国境にベルト状に配置させられた事実をみても明らかともいえよう。当時の人たちは「こんな意図は、二十町歩の地主になれるというオブラートにつつまれており、それを察知しても口に出せなかった」と述懐している。こうしてころがり出した満蒙移民は、雪だるま式にふとった。開拓団員、義勇隊の訓練所である小諸市御牧ヶ原修練農場、八ヶ岳山ろく信濃拓殖練習所をかかえる長野県は、内原訓練所をもつ茨城県、六原訓練所をもつ山形県とともに、多数の移民を送り出す県としてもてはやされた。加えて信濃教育会は十六年十一月、松本市源池小学校で興亜教育大会を開き、熱っぽい調子で青少年義勇隊の送り出しをあおった。戦争へ戦争へというあわただしい動きの中で、大会直後の十二月八日、日本は、ついに太平洋戦争に突入した。

5　先遣隊の出発

昭和十四年に第一陣

高社郷開拓団の第一次先遣隊十三人が一カ月間の内地訓練のため小諸市の御牧ヶ原訓練所（現農業高等学園）に入った。昭和十四年四月十九日。約一カ月の訓練ののち五月二十四日、一行は更級郷、下水内郷の先遣隊員とともに満州に向かった。

中野市でいま食糧品小売りをしている小池茂男さん（四六）も先遣隊員のひとり。小池さんは旧長丘村（現中野市）の農家の七人兄弟の三番目。一ヘクタールの田畑も七人にわけるわけにはいかず「うだつのあがらない内地より新天地で未来を切り開こう」と、本屋の店員をやめ、先遣隊にとびこんだ。先遣隊の仲間も三男、四男という似た境遇だった。

戦局は拡大する一方で、バイアス湾に上陸した日本軍は広東につづいて武漢三鎮を占領し、海南島に上陸した。また、満蒙では、ノモンハン事件がおこり、日ソ両軍が激突し、日本軍は、戦車を中心にした近代装備のソ連軍により大きな打撃を受けた。国内でも軍事教練が大学での必須科目になり、米穀配給統制法が実施され、さらに国民徴用令が施行になるなど総動員体制が急ピッチで進んだ。こうした動きの中で、御牧ヶ原訓練所長は、「日本の防衛は満州をかためることだ。満州をかためるには軍隊だけでなく、永住者がいなくてはならない」と訓示した。

小旗手に歓送の列

訓練が終わって出発―。

「暁天遙か輝けば　希望は燃えて緑なす　見よ大陸の新天地……」

「信濃村建設の歌」が中野の町にひびき、先遣隊は日本と満州の両国旗を持って行進した。沿道にならんだ小学生や婦人会員の振る日の丸の小旗が、さわやかな五月の風にゆれた。開拓団員の送り出しは、どこでも出征兵士並みだった。村の小学校やお宮で壮行会を開いてもらい、村中総出の見送りのなかで、団員たちは、故郷への別離をしのぶ余裕もなく、出発していった。長野県が第五次信濃村移民団を送り出したとき、長野市内では、児童、在郷軍人、青年団、消防団が小旗を振って見送り、ラジオの実況放送まであった。高社郷先遣隊が出発したとき団長をはじめ幹部は決まっていなかった。それにあとに続くものがあるかどうかも先遣隊

日の丸の旗に送られ長野市を行進する開拓団員たち

員は心配だった。だが、万歳で送り出されると「出かければなんとかなるという気持ちになった」と小池さんはいう。満州に渡った一行は、東安省密山県南五道崗の信濃村で現地訓練を翌十五年二月まで受けた。その間に先遣隊の補充九人もやった。北満の先遣隊は入植後、家族を呼んだ。小池さんのように独身者はともかくなかには老人子どもなど一家を

たたんで渡満する家も少なくなかった。

〝王道楽土〟の現実は

高社郷開拓団の幹部は、先遣隊が出たあと六月に決まった。幹部は桜井万治郎団長（現在山ノ内町戸狩在住）以下農業指導員、整備指導員、畜産指導員など。七月から二カ月間茨城県内原訓練所で訓練を受けたあと九月中野駅で旗の波に送られて渡満。ハルビンの幹部訓練所に入った。内地ではまだうちわを使う時期にハルビンでは冬じたく。寒空にさえる月が望郷の気持ちをそそった。「殉教者のような覚悟だった」と桜井団長は、当時を語っている。

幹部にとってもっとも気がかりだったのは入植地の決定が遅れたことだった。訓練のひとつに開拓地の視察があった。汽車、トラックで走る満州平原は、無限に広がりをみせていた。だが「町が匪《ひ》賊の襲撃にあった」、「冬のやってくるのが早く野菜をこおらせた」、「野火のため小麦を焼いてしまった」といった開拓団の話が伝わってきた。「土地は肥えており農作物はできる。開拓資金は満州拓殖公社でつごうする。農作物は合作社（一種の農協組織）で買い上げるので価格は安定している。治安は日本軍がおり、警察もあるので

「心配はない」と、出発前に内地でけっこう詰くめの話を聞いてきただけに不安も大きかった。郷里の高社郷建設本部でも拓務省に①交通が便利　②水田ができる③山林がある　④地味が肥えている―といった条件の土地を決めてくれるよう陳情した。十二月二十三日ようやく入植地が決まった。東安省宝清県万金山だった。

　万金山は、関東軍の騎兵旅団が駐屯する宝清街から九キロの地。現地人の部落が百戸ほどあり、部落の耕地もある一万ヘクタールの平原。木を切り倒して耕地をつくるといったいわゆる開墾作業はしなくてすみ、地味は、黒土で満州一という肥よく地だった。気候は冬は零下二十度以下にもなるが、寒い長野県からの入植者には苦痛もたえられないほどではなかった。しかし、いっしょに渡った下水内郷は、東索倫河、更級郷は尖山へと同じ宝清県内でも辺地の未開地へ入植した。下水内郷の入植者が、木材を切り出しに行き、八人ほどが匪《ひ》賊におそわれ殺された―と高社郷で聞いたのはその後間もなくだった。

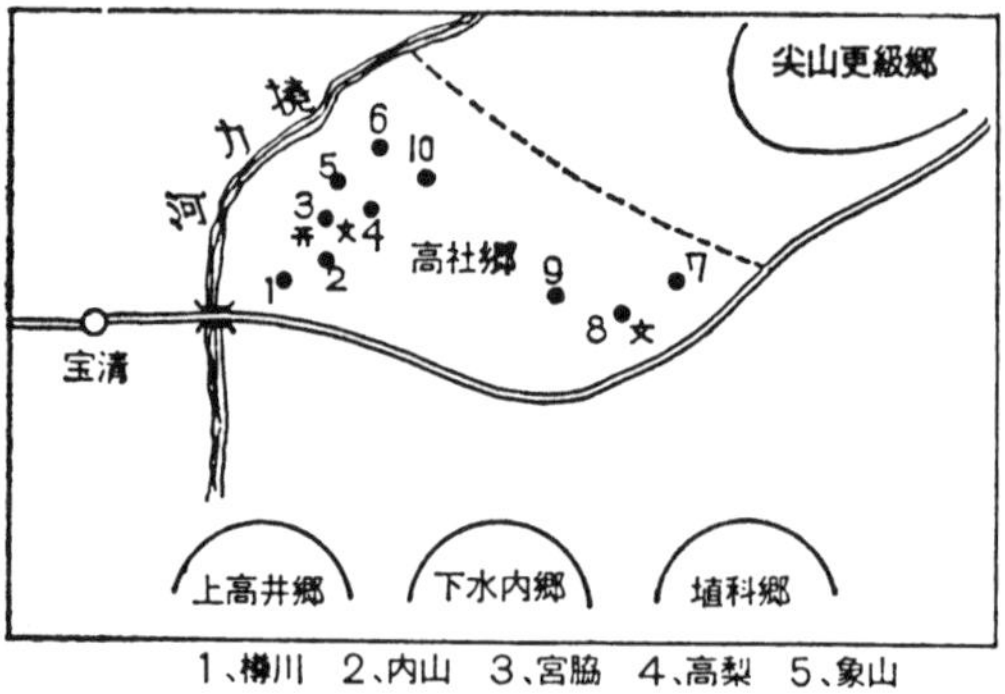

1、榊川　2、内山　3、宮脇　4、高梨　5、象山
6、星川　7、旭山　8、八栄　9、豊丘　10、瑞郷

国策遂行、うらみかう

入植地は、満州拓殖公社が買い上げたのだが、高社郷の場合、現地人をどけていすわった格好だった。現地人は、満州拓殖公社が見つけた移住先に引っ越すことになった。これが円滑にいった開拓団はともかく、関東軍は作戦上から、入植地の買収を、出先の行政官や軍警に国策遂行のためにと押し付けたので場所によっては軍の圧力を背景に、相当な無理がおこなわれ、〝うらみ〟を買う結果になった。のちの「悲劇」の原因になったわけだが、表面的に、〝平穏〟だったのは、長い間いためつけられてきた現地人にながれる「没法子」（メーファーズ・あきらめるの意味）の思想があったのかもしれない。高社郷開拓団員自身も「原始的な農法でひとクワひとクワ切り開いてきた現地人の土地を取りあげ、あぐらをかいていすわったわけだから、いくら金を払って買い上げるという合法的な手段をとっても無理があった」と今になれば同情している。だが、当時の開拓団の人たちは、征服者と被征服者の間におこる無慈悲を感じるだけの余裕があったのだろうか。開拓団員の答えは「否」だった。開拓団員自身もまた不況の日本を去って、「王道楽土」を求めて遠い満州までやってきていたのだ。

6　厳しい自然との戦い

アンペラ一枚の小屋

昭和十五年二月十一日の紀元節の朝、万金山頂に「バンザイ」がこだました。高社郷開拓団の入植式だ。晴れわたった空と薄雪におおわれた草原は、地平線で接し、どこまでも雄大だった。桜井団長ら幹部、先遣隊二十二人は東方をよう拝し、バンザイ三唱。かつぎあげた冷酒とスルメで入植を祝い、新天地開拓の意気にもえた。いよいよ建設作業だ。

建設の手はじめは、家などを建てる木材の伐採だった。「零下二十度の夜、伐採地のアンペラ一枚の小屋から月を見たときはたまらない気持ちでした」と武田善文さんはそのころを思い出してうつむく。武田さんは、いま南佐久地方事務所税務課管理係長だが、高社郷開拓団の農業指導員だった。武田さんは、伐採班を率いて馬ソリで万金山から四十キロの奥地に入った。伐採地では木の枝を切って並べ、その上にアンペラで屋根をふいた仮小屋で寝起きした。極寒の満州の夜、ストーブひとつで耐えた開拓団員の意気は頼もしくもあり、悲壮でもあった。満州の奥地は、匪《ひ》賊の出没もはげしかった。下水内郷で匪賊の襲撃で犠牲者を出したのは、となりの伐採地のできごとだった。木材の運び出しには日の丸をたて銃を持った班員が警備にあたった。

故郷に送り出しを求めていた団員も四月から五月にかけて万金山にやってきた。現地人部落に住む団員は、幹部も入れ総勢七十一人となった。伐採した木材で故郷から応援にかけつけた大工さんたちの力で六月までに団本部、共同炊事場、倉庫、個人の家も次第にできた。だが、満州で、ひともうけしようとやってきた内地の請負業者に建築を頼んで、だまされたこともあった。やがて雨期をむかえ、アミーバ赤痢が流行した。このため、先遣隊のひとりは高社郷の完成を見ずに宝清の病院で死んだ。

木材の伐採作業の手をやすめる開拓団員。家をつくるために、まず木材が必要だった

農耕期に活気づく

こんな苦労はあったが、氷がとけ農耕期に入ると団は活気づいた。建設作業は、共同だった。そ

菜班は、温室づくり、普通作班はたね、農具の準備、水田班は水田耕作にあたった。十ヘクタールにものぼる水田耕作にあたったのはわずか数人といったぐあいで、生活は多忙だった。野菜、小麦、大豆、コウリャンなどは、はじめ現地人の原始的な農法をまねた。しかし、二十年間肥料はいらないといわれた万金山の耕地は、農作物がよく育つのが、団員の大きなはげみになった。小麦、ジャガイモ、スイカ、カボチャ、トマト…。なんでもよくとれた。「雑草のそだちもよいのでなまけ者には、広い耕地は征服できない。がっちり働くことを楽しみとする人には前途有望な地だ」。桜井団長はそんな意味の手紙を内地に出した。家畜は、馬、牛を満州拓殖公社からあずかり、ブタ、ニワトリも飼った。

たちまち不作に

開拓二年目になると満州拓殖公社のトラクターで開墾がはじまった。耕地が広がるとともに営農のかたちを共同から個人経営に変えた。少ない人手で、団員はあこがれの〝二十町歩〟（二十ヘクタール）はとても経営できなかった。少ない人で四、五ヘクタール、働き手でも十ヘクタールぐらいだった。もちろんネコのひたいのような田畑にはいつくばっていた内地のころとくらべると、まさに〝大地主〟だった。しかし農耕期が短かった。田植えから刈り取りまで六十五日ほど。田植えも五日ほど時期をそらせば、たちまち不作になった。霜が二、三日早く降りると、収穫にひびいた。それに雨期には洪水にもおそわれた。満州特有の野火もおそろしかった。やはり北満の自然は、厳しかったのだ。だから、からだの弱い人は、自然との戦いにやぶれ、脱落した。

人手不足と嫁さがし

人手不足と嫁さがし—開拓団には、こんな悩みがあった。人手のほうは、故郷の下高井から勤労奉仕隊が応援にかけつけた。入植したばかりの奉仕隊は、開拓団の慰労も兼ねていた。太平洋戦争がはげしくなり、内地の肥料、農機具工場が軍事工場に転換し、食糧不足が深刻になった。食糧増産が叫ばれた。長野県内でも、桑畑が食糧作物に変わり、各地の校庭も開墾され、カボチャやイモ畑になった。この余波は満州にもはね返り、食糧増産のためにはいっそう人手が必要になった。そこで、女子青年団、婦人会を中心とした米穀増産勤労奉仕隊が相次いで高社郷開拓団をおとずれた。

北満のロマンス

嫁さがしは、開拓団を送り出した下高井郡でも大仕事だった。あとから家族連れで渡った人たちは別として、先遣隊員のほとんどは独身だった。なかには故郷で家族、親せきから嫁さんを世話してもらう隊員もいた。また、勤労奉仕隊のおとめと親しくなり、結婚する〝北満のロマンス〟もいく組かあった。その花嫁たちも、のちに佐渡開拓団跡でほとんどが満州のつゆと消えていった。しかし、当時の開拓団では、やがて「満男君」、「紀満男君」、「満子ちゃん」、「満智子ちゃん」が続々生まれ、昭和十八年、高社郷は、百八十七戸、人口六百五十人と宝清県一の大部落となった。翌十九年には故郷の鎮守の神「高社神社」の分社を万金山頂に移し加護を祈った。ひしひしとしのびよる戦争の恐怖をさけ、無事を祈るために―。

7　元気な子どもたち

親も苦労を忘れる

ドロと汗にまみれた開拓作業。荒涼とした北満の地に開拓を続ける高社郷にもひとにぎりの平和はあった。まず、学校だ。無心に学び、遊ぶ子どもたちに親は仕事苦しさを忘れた。学校は、団にただひとつの文化センターであり、やがて築きあげるはずの〝理想郷〟の象徴でもあった。

赤レンガの教室は、高社郷の〝自慢〟のひとつだった。親たちは、内地に負けまいと努力したのだ。入植の年、十五年の秋から家族を呼びよせる団員があり、子どもたちもやってきた。故郷の下高井中野小学校から中村勳氏を校長にむかえ、児童十七人で高社小学校を開校したのは翌十六年一月十日だった。当初、学校といっても団本部の共同宿舎の薄暗い一室だった。父兄たちには〝信州教育〟の誇りがあった。戦局が急を告げ、物資の不足が目立った。そんななかで父兄たちは、自分たちの家が粗末なドロ壁だったことも忘れて、学校をつくった。校舎の全長四十七メートル。これが赤レンガの校舎だった。高社小学校が国民学校令（十六年）によって高社国民学校となったのは内地と同じだった。国民学校卒業生を教育する青年学校もあった。開拓地の学校だったから、将来の開拓団員となるのにふさわしい人間の教育をめざした。その人間像は「日満両国の協和精神をもち、からだが丈夫で、助け合い、よく働く」というものだった。日本政府もこのために特命全権大使のもとに在満教育部を設け、直接学校教育に手を下したほどだった。

開拓団の国民学校と、体操する学童。そのほとんどが死んだ。あわれだった

やがて戦渦の中へ

こんな政府のやり方は、教育により満州支配の基盤をいっそう固めようというものだった。こんな意図とは別に、先生も子どもたちも純粋だった。「おとなになったらきっとうまくやっていく」と、子どもたちは目を輝かせた。掛け図、年表など教具は、じゅうぶんなかった。食糧事情が悪く、子どもたちは大豆入りのごはんやトウモロコシをべんとうに持ってきたこともあった。寒風のなかで体操中泣き出す子どももあった。しかし、異郷で親たちが助け合う気持ちを幼い子どもたちもハダで感じとったのか、いたわり合う光景はいじらしかった。娯楽施設は、何ひとつない開拓地のこと。学校の運動会、学芸会の日は、団をあげての大騒ぎ。タルころがしに興ずる父親。顔を真っ赤にして綱を引く母親。歓声は、子どもたちの声援とまじって大空に吸い込まれていった。学校を終われば子どもたちは、近くの撓力河で魚

を釣り草原でキジの卵をさがしてかけまわった。終戦の年、八十四人もいた子どもたちもやがて戦渦のなかへ……。「応召される夜見送ってくれた子どもたちが佐渡開拓団跡で死んだと知ったのは内地に来てからでした。自分だけが生きて帰ってすまない気持ちです」。中野市高丘小学校の堀内貞二先生は、そのころを、こうしのんでいる。堀内先生は、十九年下高井教育会からおされ、高社国民学校の先生となった。翌二十年、応召され終戦とともにシベリアへひっぱられてしまった。「思い返せば、学校生活は束の間の平和だった。なんとかあの子たちの霊をとむらってやりたい」。堀内先生もこう願うひとりである。

協力的な現地人

開拓地でのもうひとつの平和な光景は、現地人との付き合いだった。見も知らない一団がやってきて土地を取り上げられた現地の人たち。それにも腹をたてた表情を見せないどころか、団建設にも協力的だった。家を建てるにも、学校を建てるにも草取りなどの農作業にも一日一円ほどの手当てでよく働いた。団本部の電話交換手も男の現地人だった。王という七十がらみの現地人がいて日本語ができたこともあってことばの行きちがいによるトラブルもなかった。といっても団本部は現地人とのつき合いに気をつかった。桜井団長は、団員に「現地人の墓へは、絶対に手をかけてはならない」と諭した。満州馬が一頭二百六十円ぐらいの当時、現地人の棺おけは、六百円もしたという。どんなに墓がたいせつなものかわかっていたからだ。

学校の運動会にも現地人を招いた。病気もすすんで治してやった。熱病におかされた娘が救われたお礼に撓力河の魚を山ほどもってきた父親もいた。苦しさに忘れかけていた〝義理人情〟を思い出させたのも現地人との人間的なふれあいだった。

温かいふれあい

しかし、開拓地を一歩出れば、日本人はしょせん支配者でもあった。二代目の高社郷団長の山本直右衛門氏は、牡丹江駅前で駅ホームの警備隊員が二十銭のみがき代を惜しんでいやな顔をされ、現地人のクツみがきをけとばしている光景を目撃した。警備隊員は、そのままクツみがきをどこかへ連れていった。山本氏は、そのとき「もし立場が逆になったら……」といい知れない感情におそわれたという。帰国後、日本人開拓団に協力した理由で何人かの現地人が裁判にかけられたと話をきいて、山本さんは、別れ際に泣いて見送ってくれた現地人になんとわびたらよいのか―と心を痛めている。こんな帰還者は、少なくない。その人たちは、みんな厚い現地人の友情を忘れずに「もう一度、あの地へいってわびをし旧交をあたためたい。なんとか実現できないものであろうか」と熱望している。現地人との温かい心のふれあい。それも時の流れにただよう束の間の平和だった。

8　拡大する戦火

予算削減の動き

開拓民たちが野ら仕事にいそしむ万金山。平和にみえる開拓村にも切迫した時局の波が押し寄せた。そのはずだった。高社郷先遣隊が満州で訓練を受けていた十四年九月一日、ヨーロッパではドイツがポーランドに侵入し、第二次大戦がはじまった。つづいてアジアでも高社郷入植の翌年の十六年十二月八日、日本が太平洋戦争に突入した。

国民は、ハワイ、マレーとつづく勝利に酔っていた。そして〝欲しがりません勝つまでは……〟と、耐乏生活にも歯をくいしばった。開拓団を待ち受けていたのは、予算の削減だった。「金並ニ物資統制緊縮令」が出た。そのころ、内地では、すでに衣料は、点数制になり、食料も配給になり、鉄製のナベやカマの拠出もはじまった。戦争経済の矛盾が国民にしわ寄せとなっていたのだ。開拓団の予算は、全体で三分の一減額となった。高社郷へは、年額六十万円余りの予算のなかから七万円削るといってきた。開拓団には、建設の途中で、骨組みしかできていない家もあった。「いよいよカベをつける段になって……」—団員たちはつれない仕打ちを怒った。桜井団長はすぐに新京（関東省）の満州拓殖公社にとんだ。「自分たちが勝手につくった開拓団ではない。政府からいわれてつくったのだ。宝清県は、政府の重点地区であるはずだ。政府がこの程度のことしかできないでよいのか」と、つめ寄った。この談判は成功し七万円は削られずにすんだ。しかし、年額十万円、二十万円という零細な予算規模の開拓団はそんな談判もできなかった。

関東軍に食料納入

北満の開拓団が、〝北辺の守り〟であるとともに軍に食料、物資などを供給する役目を持っていたことは、いうまでもない。関東軍は、高社郷へたくあんなどの漬け物、みそ、白菜などの納入を求めてきた。もちろん、金にはなった。高社郷は、セメントで二立方メートルの漬け物タンク十個ほどをつくって軍の要求に応じた。同じ白菜でも開拓団員は、くずを食べ、よくしまったものは軍に納めた。国のために第一線にたつ兵隊さんには、できるだけおいしいものを…という配慮からだった。建築用の材木も軍に譲った。湿地に軍用車がめり込まないよう、道路の整備も手伝った。満州拓殖公社から借りて飼っていた馬もいざというとき、軍の現地徴達に応じられるよう準備した。〝持ちつ持たれつ〟—軍と開拓団は、表面的にはそんな関係だった。

戦争が拡大するにつれ軍事訓練が盛んになった。銃を持たされた団員には、匪賊防衛からさらにソ連防衛の任務までを負わされていった

関東軍は昭和十六年七月、関東軍特別演習という名目で、極秘のうちに六百機の飛行機、十六個師団、七十一万人の兵力を満州に集結したのだ。これだけの大兵力があれば、戦争に負けることはない。素朴な開拓団員は、そう信じ込んでいた。

「大本営陸海軍部発表。帝国陸海軍は本八日未明、西太平洋において米英軍と戦闘状態に入れり」。十二月八日朝六時すぎ。ラジオの臨時ニュースを聞いて国民は、ついに来たるべきものが来たという身にせまる緊迫感をおぼえた。高社郷では、満州拓殖公社へ資金の打ち合わせに行った団本部員から団員ひとりひとりに伝えられ、祖国の必勝を祈った。高社郷では、桜井団長が十六年九月に帰国し、団長が欠員だった。時局の急変で、さっそく山本直右衛門氏を新団長に選んだ。

ソ連軍侵入に備える

戦争の拡大とともに開拓団の警備体制は、それまでの匪《ひ》賊防衛からがらりと変わった。十八年二月、軍は宝清県内やその周辺の開拓団の団長、警備指導員を宝清街に集めた。ソ連軍侵入の際の応援、落下傘部隊降下の際の防御などについて徹底的に訓練するのがねらいだった。軍は「団に土べいを築き、空を見張り、敵襲の際は、死んで団を守れ」と〝玉砕〟を命じた。開拓団へは宝清の駐屯部隊から将校、下士官が念に一―二回やってきて、十日間前後の射撃訓練をおこなった。団員はもちろん青年学校生徒、婦人まで参加を強制された。ノモンハン事件生き残りの将校がいて、軍隊並みに「たるんでいる」と気合いを入れた。「国境の雲行きもただならぬものがある。一例をあげれば万金山の要所は、みなトーチカとなった。部落では千金の手間をさいて土壁を築いている」。ある団員が故郷の役場に送った手紙だった。それでもなお、「日ソ中立条約がある。よもや――」とだれもが思っていた。

故郷の便り途絶えがち

満州では、日ソ中立条約を信じて開拓の仕事に精を出していたころ、内地はすでに危機に陥っていた。十七年四月、日本近海にひそかに近づいた米空母からとび立った爆撃機が東京の空をおそった。世界最強を誇った日本海軍がミッドウェー海戦で致命的な損害を受け、敗色を濃くしてゆく。船も軍に徴達され、なくなっていた。高社郷からの開拓団員の送り出しは、十九年五月一戸が渡ったのが最後だった。十五年から五回にわたって内地から出かけた勤労奉仕隊は十八年春で終わった。なつかしい故郷の便りもやがて途絶えがちとなった。

2　北満の哀歌

1　敗戦間近……

流れる「本土決戦」

昭和二十年。万金山高社郷開拓団の人たちは、希望に満ち入植六年目の正月をむかえた。大ざっぱな粗放農業でも「内地」では想像できない収穫もあがった。開田作業は順調にすすみ、地平線のかなたまで広がる耕地は、すべて自分たちのものだった。「いままでの苦難が実り、ことしこそ大発展の年だ」。入植当時の苦労話が茶飲み話に出るほど心にゆとりの出た開拓農民たちは、だれもが高社郷の発展を信じ、期待していた。前の年、高社郷の「氏神」としてまつった高社神社への初もうでは北満の零下三〇度を超す厳しい寒さのなかではあったが、故郷にいたときと変わりなくおこなわれた。開拓農民であれば、氏神への祈願は、もちろん豊かな収穫であった。しかし、サイパンが落ち硫黄島の激戦に敗れ、太平洋戦争の戦局が極度に悪化「本土決戦」の軍部の怒号が北満の開拓団員の耳にも流されていた。こうした時節であってみれば、農民たちも純粋な気持ちで祖国の勝利と戦局の好転を祈るのは当然だった。

クワを持つ手に銃

厚い氷に耕地がとざされる長い冬の開拓地は、入植当時にくらべてかなりひまだった。この時期は、開拓生活とはまったくちがう厳しい軍事訓練が、酷寒のなかでくりひろげられた。実弾射撃、銃剣術、突撃……。高社郷開拓団のある万金山からおよそ八キロほどの場所にある「宝清」の町の師団司令部から、関東軍の軍人が来て指導に当たった。純粋な開拓農民は、昭和十八年ごろから「屯田兵」と同じだった。そして十九年から二十年へと戦局の悪化にともなって、国境守備隊の性格すら持たされてきた。なぜおれたちが――。はたして戦えるのか。不満と不安はあった。しかし、それが時勢なのだと、クワを持つ手に銃をとって訓練はつづいた。こうした軍事訓練のおこなわれている間にも、開拓の主力である男たちの姿は、一人欠けふたり欠けして、クシの歯がこぼれるように少なくなっていった。「出征兵士を送るため隣近所の酒盛りを厳禁する。家族にも応召の事実を知らせるな」。冷酷な指令とともに、明日の営農計画に胸をはずませていた開拓農家に「赤紙」が舞い込み、戦場へと夫や父親を連れ去っていった。

三月も末になると、厳しい寒さのなかにも、春の気配がただよう。奥信濃のような暗い冬ではないが、厚く氷にとざされた北満の冬から解放される喜び。四月末には、見渡すかぎりの広野に「福寿草」と高さ十センチばかりのアヤメの花が咲き乱れる。この花とともに開拓民も長い冬眠からさめて農作業にとりかかる。だが、この時には、すでに村から男子団員五十数人が隣近所との酒盛りもなく、ましてや見送る人もなくひっそりと戦場へ旅立っていった。

男手、根こそぎ動員

四月と七月の二回にわたる関東軍の〝根こそぎ動員〟によって高社郷開拓団からも成人男子百六十三人中、百五人が戦場へと狩り出されてしまった。世界に名をとどろかせた関東軍が「凶器になるものを持参して集合せよ」との命令とともに〝大動員〟をかけねばならなかったのはなぜか。関東軍はすでにいなかったのである。ソ連参戦に備え、二十個師団の関東軍が、ソ満国境に配置されていた。しかし、サイパンがおち、東条英機が退いて小磯内閣が登場した十九年七月ごろから、関東軍の南方戦線への移動が、激しくなった。悪化した太平洋戦争の局面を一気に打開する「大バクチ」のため関東軍の大部分は、次々と南方に、あるいは沖縄へ転進していった。軍首脳部は、このころすでに、ソ連が参戦した場合、満州をすて最後の防御戦は鮮満国境の山岳地帯に敷く方針を決めていたといわれる。人道的立場からの反対論もあったというが、つまり北満の開拓団員をはじめ一般邦人を犠牲にする冷酷な作戦が、すでに決まっていたわけだ。そしてソ連の目をくらますために、南方に移動した関東軍のあとに、武器も持たない〝幻の部隊〟をつくるために〝カカシ〟のような役目を負わされたのである。

関東軍、続々撤退

見殺しにされる運命にあった開拓団員たち。高社郷の人たちを含め一般邦人は、こんなひどい作戦が決まっていたとは、夢にも知らなかった。夫を〝幻の部隊〟に送り出した開拓の妻たちは、「王道楽土、五族協和の担い手は私たち」と農作業にはげんだ。十九年暮れまでにできあがった水田の「馬耕」をはじめ、一千ヘクタール近い畑の整備にけんめいだった。故郷から寄せられる便りから、物資不足の様子がうかがわれ、また、東京下町の大空襲のニュースが伝えられるなかで、まだ満州は〝楽土〟だった。空襲もなく、満州は、決して戦場にならないという関東軍のＰ・Ｒを信じ込まされていた。牡丹江や新京（長春）へ団の連絡事務のため出かけた団幹部の目には、重装備の兵隊や大砲を積んで南下する軍用列車が目に映ったが、それは、北満の邦人を見捨てる作戦命令による移動だとは思わなかった。「北満は大丈夫か…」。こうした疑問は心を横切ったが、それよりも軍部のことばは重みがあった。「お国は負け戦だそうではないか」と心配そうにたずねる現地人にも「つまらんことをいうな」と〝一笑〟にふしたという。

水田は、日本でもこれまでと思われるほどよく育っていた。大豆も、野菜も大豊作が予想された。菜の花畑と見まちがえるばかりの、黄色のジウタンを敷いたようなオミナエシの野原。そのなかを

麦刈り作業をする開拓団員たち。関東軍はこれら団員を置き去りにして撤退した

彩るヒメユリの花。地平線に沈む太陽を背にうけて、自然のお花畑でたわむれるこどもたち。しかし、これもだまされた一瞬の平和だったのだ。関東軍は非戦闘員を北満の広野に残して、七月ごろから、続々撤退をはじめていたのである。

2　ついにソ連参戦

軍から避難命令

ソ連参戦――ついに決定的な瞬間がきた。昭和二十年八月九日午前、「八日、ソ連が対日宣戦を布告、国境を越えて南下中。ただちに宝清街西山部隊に集合せよ」。軍からの避難命令がとびこんだ。この日は、数日来つづいた雨もあがり、雲の切れ間から夏の太陽が果てしなく広がる開拓地にそそいでいた。午前九時すぎ、開拓団本部の事務所には、滝沢隆四郎さん（長野市五分一在住）がひとり留守番をしていた。受話器を流れる「避難命令」の声は上ずっていた。問いただすひまもなく電話は切れた。「大変なことになった。これは大変だ」。滝沢さんはそんなことをつぶやきながら事務所を出たり入ったり。お盆を前に、開拓村の人たちは、ほとんど田畑に出ていた。穂ばらみ期に入っていた水稲は秋の大豊作を約束していた。団の責任者古幡武副団長も、この水田を見回るため、八キロも離れたところに出かけ留守だった。

開拓の主力は女性

ソ連参戦当時の団の構成は、入植当時にくらべて大きく変わっていた。相次ぐ応召の命令によって、開拓の主力は、男性から女性へと移っていた。団幹部の顔ぶれも変わっていた。

初代団長桜井万治郎氏（山ノ内町戸狩在住）のあとを継いだ山本直右衛門氏（同）も任期切れで二十年四月、帰国。三代目団長になった武田善文氏（中野市在住・南佐久地事所勤務）は、五月に応召され、副団長の古幡武氏（下高井山ノ内町佐野出身・二十年八月二十五日自決）が、団の最高責任者として、団の運営にあたっていたのである。

集結を命じられた宝清街（立っているのは更級開拓団長正村秀二郎氏＝戦死）

滝沢さんは、まず副団長の古幡氏に連絡をとらなければ……と団本部で通訳として働いていた現地人の李芳園少年に、馬ですぐに本部に帰るよう連絡をとらせた。このあと滝沢さんも馬に乗って、開拓団の十部落に「ソ連参戦の緊急事態」を告げ、九日夜までに見回り品、食糧を持って全員本部へ集合するよう連絡した。雨のため道路は、ぬかるみ。馬は足をとられて連絡ははかどらない。遠い部落は団本部から十二キロ以上も離れているため、連絡が終わって団本部に帰り着いたのは午後二時をすぎていた。

無心の子に心痛める

夕方六時ごろから、難民の群れとなる運命にあった団員たちは、荷馬車に幼い子どもを乗せ、見回り品だけを持って続々集まってきた。

団本部では、暗い空気につつまれて幹部会議が開かれた。「脱出か」「開拓地を死守するか」。これまで切り開いてきた大地――。結論は出なかったが、死守する意見が強かったのもうなずけよう。

満州の夏の夕暮れはおそい。団本部では生死について悲痛な会議がつづけられていたその時でもにぎやかなことの好きな子どもたちは、輪をつくって童謡をうたい、咲き乱れる草花で首かざりをつくってたわむれていた。これから先どのような悲惨な運命が待っているのかも知らず、無心に遊ぶこどもたちの姿に、親たちは、心を痛めた。敗戦当時、すべての開拓団がそうであったように、高社郷開拓団でも百五人の一家の主が応召され、残された五百七十九人のうち、女、子どもが五百二十一人。男手は、徴兵前の青少年を合わせてわずか五十八人だった。

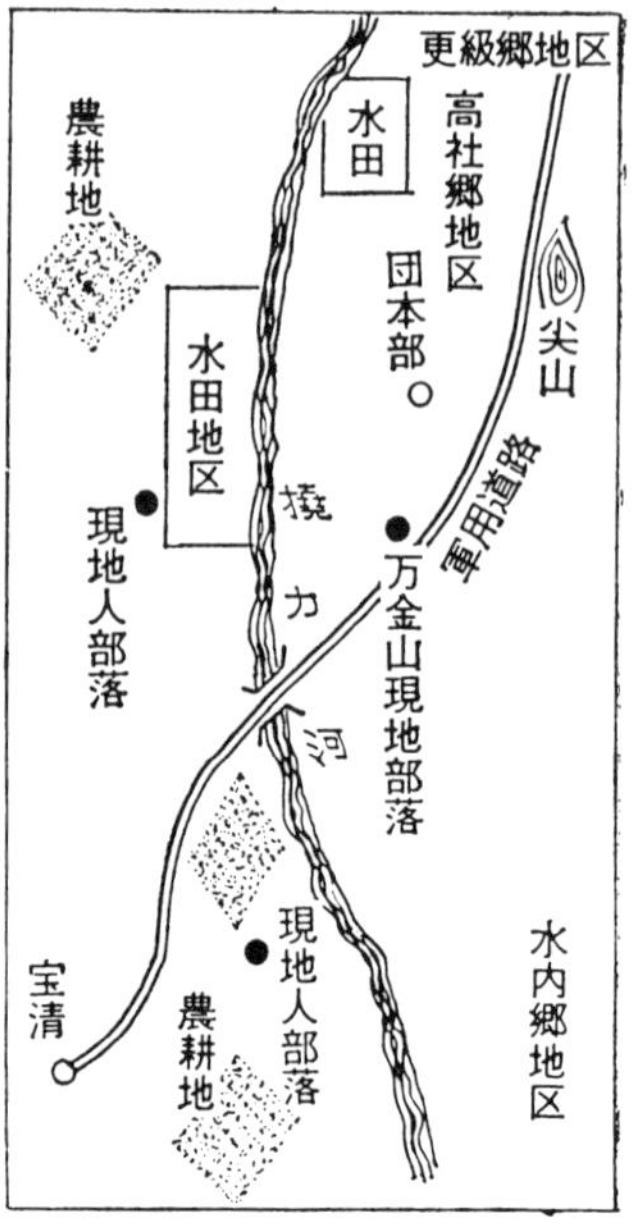

副団長が涙の説得

真赤な太陽が地平線に沈み、暗くなりかけたころ、午後九時半をすぎていた。古幡副団長は「故郷を出る時、骨を満州の地に埋めると決めた覚悟は、ウソでないはず。玉砕しても入植地を確保すべきであり、これが国にむくいるわれわれの態度である」。涙をうかべて、静かな口調ではあるが決意を込めて「団と運命を共にしよう」と説得した。

満州移民、それは国策にはちがいなかった。しかし、故郷が貧しい故に、広い土地が自分たちのものになると言われやってきた高社郷の人たちの農地に対する執着心は、古幡副団長の説得を受け入れた。開拓団死守決定の方針が出されたのは、農地への執着心のほか、もうひとつ、精鋭関東軍とともにソ満国境を死守することが国への忠誠だと信じていたからだった。

開拓団置き去りに

当時、高社郷には、三八式歩兵銃六十二丁、弾薬四千発。ブローニング拳銃二丁、弾薬三十発。それに個人用日本刀若干――これがすべての武器だった。この武器は、十六、七歳の少年を含め残された五十余人の男子団員に渡され、もしソ連軍がきても日本軍の援軍があるまで持ちこたえる。男たちの意気はさかんだった。この時、「北満の守りは鉄壁」といわれた関東軍はすでに満州から南方戦線に移動した後で、開拓団は、満州の広野に取り残されていたことを知らなかったのである。実におろかというべきだろうか――。「皇軍」と呼ばせ、勝利を信じ込まさせていた軍隊は、一目散に南下し、その陰でひとにぎりの軍閥にだまされて広野に散って行った開拓団員たち。その霊は、決してうかばれない。奇跡に近い状態で生きて帰ったかつての団員たちは、やる方ない怒りのことばをもらしている。

3　現地の人たち

泣きさけぶ幼い子

高社郷開拓団の人たちが、脱出か開拓団と運命をともにするか―。生と死を決する最後の幹部会議を開いているころ、県下から送り出された九十におよぶ開拓団の人たちも、生命の危機にさらされながら、うす暗いランプの灯の下で、息詰まるような会議を開いていたのである。

高社郷開拓団のあった東安省宝清県には、尖山更級郷、南信濃郷、下水内郷、埴科郷、阿智郷、上高井郷などがあり、すぐとなりの三江省樺川県にも、悲劇的な最期をとげた「公心集読書村開拓団」などがあった。

東安省宝清県にあった各開拓団には、宝清の町の郊外に「宝清駐とん西山部隊」があった―宝清の西山地区にあった陸軍部隊の総称で、最盛期には三万人の軍人が駐とんしていた―関係から、高社郷と同様、ソ連参戦の翌日、八月九日「ただちに宝清の西山部隊に集結避難せよ」という軍命令が伝えられた。更級郷、埴科郷、上高井郷、阿智郷など、高社郷をのぞく各団は、この命令を受けると同時に、九日夜から十日にかけて引き揚げ行動を開始した。ヒザまで沈むぬかるみのなかを泣き叫ぶ幼い子を背負い、血走った目で逃げ場を求める昨日までの支配者、日本人。この姿は現地の人たちにどのように映ったことだろうか。

団員の苦労も知る

三江省樺川県公心集にあった公心集読書村開拓団では、支配者からの転落を契機に、早くも、暴徒による虐殺事件がおこった。開拓地の強制買収、経済統制が現地人のうらみを買い、さらに〝人夫狩り〟にひとしい強制徴用が怒りをさそった。もともと、関東軍のおこなった圧制だったが、うらみは、元凶の軍にではなく、弱い立場の開拓団に向けられたのだ。こうした不安は、万金山高社郷開拓団をはじめ宝清県にもまったくなかったわけではない。ソ連参戦―開拓団員の本部集結。あわただしい動きを見た現地の人たちは、本部周辺にたむろし、「日本の敗戦」をささやき合っていた。

しかし、宝清県、ことに高社郷付近の現地の人たちは、同情的であり、冷静だった。現地人は、開拓団員が入植当時、住む家もなく、テントで越冬した苦労も知っていた。団の運動会やお祭りには現地の人たちもよばれ、ともに楽しんでいた。現地の人との同和。こうした過去があったからこそ「彼らも苦しんでいる」と現地の人たちの目に映ったのだろう。

国境超えた融和も

国境を超えた融和にこんなエピソードがある。この年の三月山本直右衛門氏（下高井山ノ内町在住）は、団長の任期が切れて帰国することになった。開拓団団長の権力は、現地人に対して絶大なものがあった。もしその力だけをふり回していたとすれば「いやなやつがいなくなる」と、帰国は、喜ばれたにちがいない。だが「今度はいつくるか」とたずねる人が多かった。涙をうかべて別れを惜しむ人もいた。さらに、貧しい現地の農民たちが当時の金で百二十円ものせん別を贈ってくれた。安っぽいハトロン封筒に「万金山開拓団々長殿。金額国幣壱佰二拾円也。交誼恭贈。刑長清、徐立本、林宝武、林宝田、白方倹」と、せん別の金額と贈り主の名前が書かれた目録が、山本氏のアルバムにはられている。「誤った国策に乗り、その国策遂行のため五族協和の美名をかかげて乗りこんだ私たちは、招かれざる客であったにちがいない。立場をかえて私たちの土地に見知らぬ異国の人が何らかの〝美名〟をかかげて乗り込んだ場合、私たちは許せるだろうか」。侵略者の手先と映ったであろう開拓民たちに国境を超えた友情の手をさしのべてくれた刑長清さんたち。山本氏は、人間の大きさを戦後しみじみと知ったという。「刑さんたち万金山の現地の人たちの前にひざまずいて心の底から謝罪したい。そして、いま私たちにできることがあるならば、万金山の人たちのために何でも…」遠い北満の万金山を思い、現地の人たちの顔を思いおこしながら山本氏は語っていた。

民族舞踏を楽しむ現地人たち。現地人もまた平和な生活を望んでいた

最後の晩さん会

一方、八月九日夜ふけに「開拓団と運命をともにする」と決まった幹部会議の結論は、同夜各部落ごとに全員に伝えられ、意思の確認がとられた。もちろんこの時すでに戦闘の足手まといになる婦女子は自決し、「自決の見とどけ役は、部落長がこれにあたる」ことまで報告された。全員は無言のうちに、本部決定に運命のすべてをゆだねた。だれかひとり泣き出せば〝号

泣〟の場になったにちがいない。重苦しく悲しい場面だった。大きな北極星がまたたく本部の庭で「これが最後の晩さん会になるかもしれない。思う存分食べてめいど（冥途）のみやげにしよう」。古幡武副団長のあいさつのあと、思い思いのグループが円陣をつくって団員全員の食事がはじまった。開拓の夢も打ちくだかれ、異郷の地に心ならずも骨を埋めなければならなくなったのだ。この暗い運命にくらべ北満の星空は、美しくつめたく輝いていた。どうして私たちは死ななければならないのか。怒りと疑問が団員たちの胸に渦巻いた。しかし、ことばを出すより涙が先にこぼれそう。だれも口をつぐんだままだった。死の恐ろしさと戦いながらの〝最後の晩さん会〟が静かにつづいた。

〝開拓団の落日〟—。せつない最後の晩さん。この中で本部の通訳をしていた秀芳園少年だけが、円陣の間を走りまわり沈みがちな〝かつての主人〟たちを元気づけてくれた。

4 〝死〟への旅立ち

自決の劇毒物を準備

高社郷開拓団が、第二の故郷万金山の開拓地を捨てて、死への行進をはじめたのは二十年八月十日午後五時である。開拓団を死守し、運命をともにすることは、一度は決まった。五百二十余人の婦人と子どもたちには、自決用の劇毒物まで手渡された。だが宝清郊外の西山部隊からは、再三にわたって南下の命令が来た。宝清県に入植した開拓団は、高社郷を残してほとんど南下したことも伝えられた。「軍の命令は、天皇の命令」であり、絶対的な権威を持っていた。開拓団を死守するという団の決定も、軍命令の前に変更することになった。現地万金山の人たちと親しみ融和していただけに、もしあのように執ような軍命令がなかったならば、あれまで悲惨な最期を遂げなくてもすんだのではないか。生き残りの人たちの胸は、痛むのである。団死守の方針は、十日朝開いた幹部会議で一転、軍命令どおり、同日夕方引き揚げ行動を開始することを決めた。

高社郷の歴史閉じる

午前九時。北満の野面は、夏の太陽がまばゆい。五百七十九人の全団員は、高社郷開拓団の氏神「高社神社」の前に整列した。つい二日ほど前の「大詔奉戴日」に神社に集まり、祖国の勝利を祈った時、だれがこの悲しみの日を想像しただろうか。

「私たちの志は、むなしく破れた。だが私たちの開いた農地は、誰かの手に受けつがれ、志は生きつづけるだろう。私たちが、今しなければならないこと、それは祖国に帰ることである。つらく、悲しいことはあるにちがいない。だが、生きて帰らなければならない。生きて帰ろう」——古幡副団長の離団のことばは悲痛だった。昭和十五年二月十一日。北満の荒野に高社郷の人たちがクワ入れをした日から雨の日も酷寒の日も掲げつづけた日の丸を囲み、君が代が斉唱された。小学生も、老婆も、幼児たちもみな泣いた。泣きながら君が代はうたいつづけられた。ほおをぬらした涙は、やがて号泣に変わった。このなかで、高社郷の歴史を閉じるように、日の丸がおろされた。正午少し前だった。

財産は現地の人に

高社郷の開拓した農地をはじめ、財産の処分は、すでに決まっていた。入植以来、陰に陽に親身も及ばない協力を惜しまなかった万金山の現地の人たちに贈ることになっていたのである。悲しみの離団式の後、団本部は脱出準備のためごったがえしていた。このなかで、現地人の代表、刑長清さんに団のすべての財産を贈与する文書を渡し、長い間の協力を心から感謝した。「すべての人に会ってお礼を言いたいのだが、こんな状態なのであなたからみなさんによろしく」。受け取る刑長清さんの目はぬれていた。そして「もし、われわれの最後を聞いたなら、ねんごろにとむらってほしい」。この古幡副団長のことばに、彼は泣き伏してしまった。国境を越え、本当の「五族協和」が芽生えていた高社郷だっただけに、送るものも送られるものも〝永久の別れ〟に、ただ泣くばかりだった。

「ゆれ行く馬車、離れ行く部落、老人たちは馬車の上から合掌した。振り返り、見返る団員の視界から高い物見楼も本部も消えていった」下高井郡満州開拓史編さん委員会の「満州開拓史」は、死への旅立ちをこのように記録している。

楽しかった開拓団の運動会の思い出も夢のよう。開拓団員は混乱のうちに移動をはじめた

六百人近い〝難民〟の行列は長かった。この行列の先頭に、ある時は、最後尾にまわり団員をはげましていた古幡副団長の家族は、この行列のなかに見えなかった。六百近い団の生命を守る最高責任者として足手まといになる妻子をすでに天国に旅立たせていたのである。これが悲劇のはじめだった。

前途に限りない不安

宝清の西山部隊までは、高社郷からおよそ八キロ。普通なら二時間の行程だった。しかし、長雨があがったばかり。しかも折りからの雨は、道路のすべてをひざまで埋める悪路にし、西山部隊に着いた時は十一日の午前七時近かった。しかし、やっとたどり着いた西山部隊は、もぬけのカラ。あれほど執ように避難命令を下した軍隊は、一兵も残さず敗走した後だった。目的もなく、責任もなく、ただ権力をカサに命令を下しただけの軍隊に、難民は、信頼をうらぎられた落胆と同時に怒りにふるえた。広野に置き去りにされ、たよれるのは、開拓の仲間だけであることを知った高社郷の人たちは、前途に大きな不安を抱かずにはおられなかった。

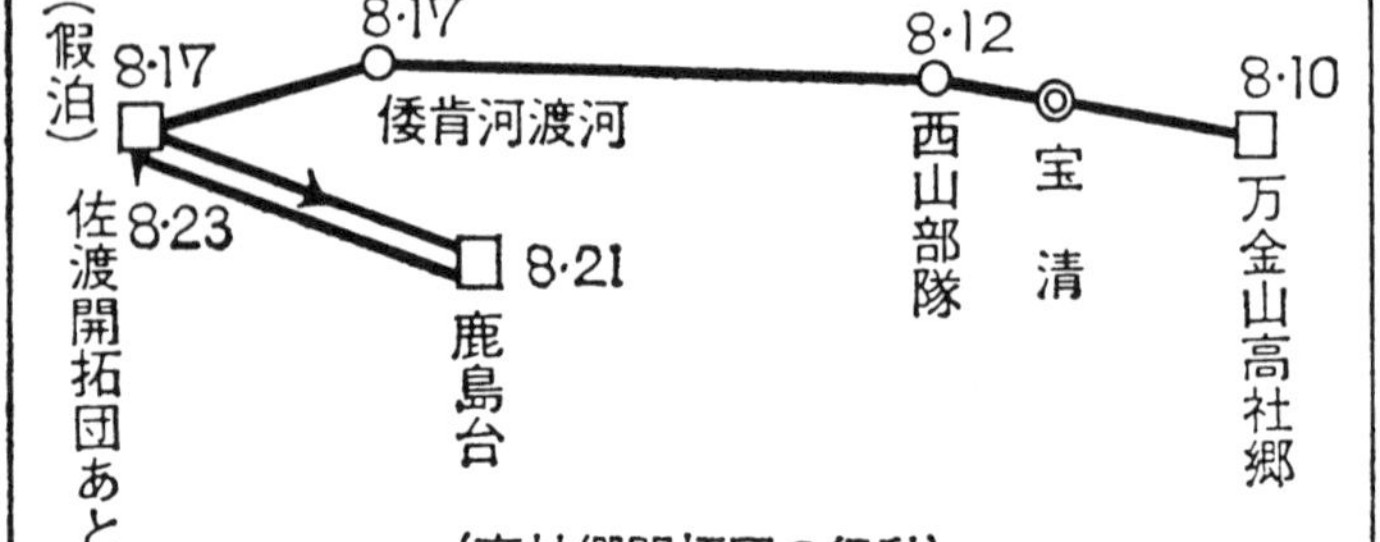

(高社郷開拓団の行動)

5　生を求めて逃避

ひざまで没する悪路

宝清郊外の西山部隊跡に着いた時、宝清の町は、ソ連機の激しい空襲を受けていた。軍隊に見捨てられた高社郷の人たちは、ソ連軍の攻撃を間近に見て、脱出への不安をさらに大きくした。しかし、生きのびることだけがすべてだった。

「お前らを守るためにおれたちは、働いているのだ。お前たちのできることは、食糧を増産し、それを軍のために供出することだ」。高社郷に足しげく視察にきた西山部隊の高級将校たちは、時局講演のしめくくりを、いつもこのことばで結んだ。「軍人のことばにウソはない」はずだったが、非戦闘員を守る〝軍部の道義〟は、北満では終戦前早くもほごにされていたのだ。

八月十二日。前日の雨はあがり「戦わずして敗走した」部隊の残した乾パンなどの食糧を確保、これからの南下の行動を検討した。「依蘭へ出るか、勃利への道をすすむか」。正確な情報はない。流言蜚《ひ》語がとび、このデマは、不安をさらに大きくした。結局、勃利への道を決めた。普通の道路を通過することは、危険だった。ソ連軍の南下部隊に見つかる不安が大きい。現地人部落では、住民が「暴徒」になっている危険も予想され、山や沼地を越える〝悪路〟を選んだ。このコースは、回り道でおよそ百七十キロもあった。幼いこどもを二人も背負いさらに子どもの手をひいて歩く若い母親。むすこを軍隊に送り、嫁と孫に手をひかれる老婆……。ひざまで沈む悪路に耐えられる人たちではなかった。しかし、進まねばならなかった。

リンドウ、ワレモコウ、オミナエシ―信州の秋の野に咲く同じ草花が、生を求めて脱出する高社郷の人たちの足もとにも咲き乱れていた。しかし、花に目を向ける心のゆとりはなかった。

荒野に愛児も捨てて

ドロにわだちを取られ動けなくなった牛車にムチの音もあわただしい。先頭に遅れまいと泣き叫ぶ小さな子どもたちの腕を抜けるほど引っ張って行く母親も痛々しい。背負ったこどもの死も知らず歩きつづけ、とむらう時間はおろか埋める時間すらなく、荒野のなかに愛児を捨ててすすまねばならなかった。万金山を後にして幾日たったのか。故郷の長野県でも八月十三日、長野、篠ノ井で米軍機の銃爆撃を受け、敗北は明白になっていた。しかし、北満では、こんなことも知らずに夜も昼もない行進がつづく。疲れはて、もう何十日も苦労をしているという錯覚にとらわれる人も多くなった。手を合わせながら、愛児に手をかけ、天国へ送る母親の数は、ふえはじめた。また眠ったままの子を置き去りにする人たちの数も目立つ。この母親をだれが責めることができるだろうか。戦争は、こんなところまで人間を追い込んでしまうのだ。

一瞬にして努力の結晶は無になった。移動開始で各所に、からっぽになった開拓地ができた

終戦も知らず死の行列

十五日（推定）蘭芳山というところに一行は着いた。このころになると、団の食糧も底をつき、強行軍のために、全員の疲労は、はげしくなるばかり。急いで、団の幹部会議を開いた。この結果、「荷車を捨てて行動しやすくする。荷物もできるだけ整理する」ことが決まった。荷車を手放すこ

とは財産を捨てることであり、所持品の整理は、冬の早い北満での放浪には無謀であった。何よりも身軽になり〝逃げ足〟を早めることが、多くの人を助けることになると判断したからだ。この方針が団員に知らされると、動揺がおきた。「逃げ足を早めるには私たちはじゃまになる」と、老人たちから自決の申し出が相次いだ。うらみがましい顔付きでもなかった。死を恐れる目でもなかった。「いままでありがとう。もし村に帰れたら線香の一本もあげてくれ」。その人たちの最期は、どうだったのだろう。長野県社会部厚生課の戦後二十年間にわたる生存者の調査にも、この人たちの生存は、ついに確認されなかった。この日正午、内地日本では終戦を告げる天皇のラジオ放送を聞いた。敗戦の悲しみに涙を流しながらも「戦争は終わった」ことを知った。しかし北満では戦争の終結も知らず、死を選んだ人たちがいたのだ。うしろ髪をひかれる思いで、難民の群れは再び行動をおこした。

脱出の望み断たれる

第一の避難目標、勃利の市街地からおよそ五十キロの地点にまでたどり着いたのは十六日午後だった。平原では五十キロ先の町は望見できる。「そこまで行けば何とかなる」と大きな期待をかけた勃利の上空は、黒煙に覆われていた。砲弾の爆発する音も聞こえた。高社郷開拓団をはじめ東安省宝清県に入植していた県出身の二十を越す開拓団は、ほとんどすべてが勃利をめざして南下していただけに、勃利の上空に立ちのぼる黒煙を見て、脱出の希望を絶たれ絶望的な気持ちにおそわれた。更級郷も、埴科郷も同じ心境だった。希望の道を絶たれた人たちの足どりは急に重くなった。その夜は大東義勇隊跡にとまった。勃利をめざして先にすすんだ北満からの引き揚げ者は、退路を閉ざされ、大東義勇隊跡に続々ひき返し、この開拓団跡は、二千五百人ほどの難民で埋まった。この時、高社郷では、すでに二十人近い犠牲者が出ていた。

6　鹿島台の戦い

軍の非人間的作戦

ソ連軍進撃の難をのがれて北満から南下した長野県出身の開拓団員を含め、一般邦人たちを苦しめたものは、川を渡ることだった。敗走する関東軍は、ソ連軍の南下を一刻でも引きのばそうと、橋のほとんどを破壊していった。それは、軍の作戦にはちがいなかったが、婦人や子どもたちに南下を命じておきながら、ソ連軍の進撃を引きのばすため橋を破壊した。これが自分たち同胞の苦しみをさらに大きくすることなど考えなかった。非人間的な作戦だった。

「目の前を子どもが二人、三人と流されていく。浮き沈みする顔、顔…。流される子どもを助けようとする人はいない。あっ、自分も流される」――。二十年後の今も、あの日の恐怖が夢に現われると下伊那泰阜村の島はつえさん（五九）＝大八浪泰阜分村、帰国者＝は言っていた。二十年後も悪夢にうなされる「川を渡る苦しみ」は、高社郷の人たちも同じだった。

川渡りにも悲劇

目ざす勃利への道を閉ざされた高社郷の人たちは、二十年八月十七日、避難の道を「依蘭」にとった。ちょうど、ひどいどしゃ降り。雨ははだ着を通し全身をぬらした。一時間ほど腰までつかる泥道をあえぎながら進む。やがて濁流が荒れ狂う大きな川にさえぎられた。松花江の支流「倭肯河《わいこうが》」が、一行の前に横たわっていたのだ。この時すでに、万金山近くの宝清街もソ連軍の手に落ち、ソ連軍は、一行のあとを怒とうのように押し寄せてくるという情報が乱れとぶ。冷静な判断ができる状態ではなかった。羅針盤を失った船のような一行は、せっぱつまった気持ちに追い込まれていた。「早く渡らなければ……」。しかし、荒れ狂う川に婦人や子どもたちはしり込みした。泳ぎのできる男たちは馬の手綱を何本かつなぎ合わせて川にとびこんだ。一本の命綱を張るのに一時間以上もかかった。川幅は、およそ五十メートル。水深は一メートル二、三十センチだが、流れが急のため衣服を着けていることは危険だった。婦人たちも勇気をふるって〝渡河〟をはじめた。川の途中で恐怖のためか命綱の手を離して激流にのまれるものが続出した。親の肩車からすべり落ち、そのまま流されて行く幼児たち。「水にのまれて死ぬよりいまここで……」と、泳ぎを知らない老人たちが、川岸で命を断って行く。倭肯河は、まったく想像もできない〝悲劇の川〟になった。全員が渡り終わったときは、すでに夕暮れだった。

開拓団の射撃訓練。武器を持ち戦おうとしたのが悲劇につながった

限られた耕地に見切りをつけ、長い間、住みなれた故郷を捨てて遠い北満の地に新天地開拓を目ざしてやってきた老人たち。戦争の罪は、ひとつもない子どもたち。みんな倭肯河のなかに消えていった。その数は、三十人あまりだった。悲しかった。しかし、それより先に「おれは生きていた」と考え、「早く逃げよう」と思った。愛児の死を肉親の死を悲しむより、「ただ生きたい」という本能のままに行動したという。生きて帰った人たちの話である。

初の本格的暴徒

川から一時間ほど離れたところに開拓団跡があった。久しぶりに屋根の下で夢を結ぶ。ぬれた衣類をタキ火で乾かしたり、破れたクツをつくろった。人間らしい一夜だった。ここが、新潟県佐渡の人たちが引き揚げ、カラになっていた「佐渡開拓団」跡だった。数日後、この場所が、最愛の妻や子どもを自分の手で「天国へ送る」地獄の場所になろうとは……。十八日夕方、再び依蘭への旅がはじまった。人目を避けるため、山林をひろって行進はつづく。どうしたことか、この行進は、目的地依蘭とは逆の方向に迷って歩いていた。天気も比較的よく、〝平穏〟な旅だった。

しかし、この旅も八月二十一日午後二時すぎ、鹿島台付近で破られた。これまでもたびたび土匪《ひ》の攻撃は受けたが、万金山出発以来はじめての本格的な暴徒の攻撃だった。県厚生課の資料は、この「鹿島台の戦闘」をつぎのように記録している。

とうちゃん、助けて!

東安省宝清県方面からの引き揚げ行動群（高社郷、更級郷、阿智郷、埴科郷、南信濃郷その他）は、依蘭に向けて行動中、二十年八月二十一日十四時ごろ、勃利県鹿島台開拓団跡を通過中、北方およそ一キロの山林中から一斉射撃をうけた。「皇国に殉ぜよ」、「死守せよ」と言われつづけてきた引き揚げ行動群も、これに応戦した。婦女子の非戦闘員多数のため、戦況は、不利で、多くの犠牲者を出した、とある。高社郷でも、この戦闘で数少ない〝男手〟のうち五人が死んだ。

青々と茂ったトウモロコシ畑に逃げたが、弾丸が「ヒューン」と耳元をかすめる。さえぎるもののない広野での襲撃である。「とうちゃん、助けて!」。目の前を行く十二、三歳の少年が胸を射抜かれて倒れる。血しぶきが飛ぶ。手足をケイレンさせて目を閉じる。助けに帰る肉親もない。二十年後の今もあのすさまじい〝殺人の現場〟が脳裏に焼きつき、まざまざと思い起こす。当時十一歳で、この引き揚げ行動群のなかにいた滝沢博義さん（長野市在住）は、当時の模様をこう話している。鹿島台の戦い――ここでもだれがどのように死んでいったのか、正確なことはわからない。「とうちゃん、助けて」と叫んで死んでいった少年のように、だれも他人のことなどかえりみる余裕もなかった。

7　最後に残された〝自由〟

佐渡開拓団跡で

「涙でぐしょぐしょに顔をぬらしながら引き金をひいた。妻を、子どもを、親を、知人を、これ以上のむごい現実がこの世の中にあるのでしょうか」。開拓団員は命を守ってくれるはずの軍隊に逃げられ、周囲を完全に包囲され、脱出の望みを完全に絶たれた。最後に残された〝自由〟は、死であった。数少ない高社郷開拓団の生き残りである滝沢隆四郎氏（長野市在住）は、顔を覆って話した。〝生きて虜囚のはずかしめを受けるな〟という「腹切りの哲学」が、軍国主義教育のなかで徹底してたたきこまれていた当時だからこそ、できたことだった。それはあまりにも残酷であり、悲しいことだった。人間の尊さは無視された。人間が弾丸のかわりになることも辞さなかった時代である。戦争を知らない若者たちには決して理解できないことが、二十年前の北満では、連日おきていたのである。

東安省勃利県七台河の佐渡開拓団跡。高社郷開拓団の〝難民〟が、自分たちの「墓場」になるこの佐渡開拓団跡に再びたどり着いたのは、理不尽な鹿島台の戦闘の日から二日後の八月二十三日だった。鹿島台の戦闘に追われて、山中に逃げこんだ高社郷の人たちをはじめ、更級、阿智など各団の人たちは、脱出目標の「依蘭」の方向も見失い、深い北満の密林の中をさまよい歩いた。山中で一泊。いくつかの山を越えた。道も目標もない。下弦の月がさえる荒野を、何かにせかされるようにただ歩いた。二十三日早朝、疎林のかなたに開拓村が見える。もろこしや野菜の畑にも見おぼえがある。倭肯河を渡った後ひと晩とまった佐渡開拓団跡にまた、もどってしまったのだ。

ソ連機襲撃が災いに

佐渡開拓団には、勃利への道をはばまれたり、南下の途中立ち寄った開拓団員たち約三千人で、ごったがえしていた。更級郷、埴科郷、阿智郷、南信濃郷、それに高社郷。県外では山形県の小城子開拓団など三団体の計八団体が集まっていた。

自決、虐殺の悲劇の前ぶれは、その日の夕方おきた。超低空で飛来したソ連の偵察機一機が、近くの麦畑に不時着した。これを目撃した一部の団員たちはこれを襲撃してしまったのだ。白旗をかかげることを知っていれば、戦争の終結を知っていれば、こんなバカなまねはしなかっただろうに……。

二十三日夜、各団長が集まりおそくまでこれからの行動について協議した。しかし、結論は出なかった。依蘭への脱出のためには、山を越さなければならず、ここは「土匪」に襲われる危険があった。また、ソ連機焼き打ちに対する報復攻撃も当然予想しなければならなかった。事実、同夜、佐渡跡を脱出した義勇隊の人たちは、ソ連軍の攻撃を受け、死んだり、重傷者が逃げ帰ってきた。脱出も不可能だったし、「男は皆殺し」「女子どもは乱暴される」という流言がまことしやかにささやかれ、団員たちは絶望的になった。開拓団には子どもや婦人が多かった。高社郷の幹部たちは、自分たちが犠牲になっても、これらの生命を救おうなどとは考えなかったし、それもまた不可能だと思いこんでいた。再び自決の意見が強まった。生きることの苦しさよりも死を選ぶことの方が楽と信じたのかもしれない。

〝自決〟の方法決める

佐渡跡におそく入った高社郷の人たちは、すでにからだを休める場所もないほど混雑していた。このため本部からおよそ一キロほど離れた場所にあった開拓村に移動し、一夜を明かした。明けて二十四日、団員の間には、暗黙のうちに自決の方針が伝わっていた。空を流れる白雲にもすでに初秋のたたずまいがあった。この美しい空の下で最後の慰霊祭がおこなわれ、つづいて古幡副団長から、自決計画が公表された。

「われわれは万一の僥倖《ぎょうこう》をたのみ、万金山を捨てここまでのがれてきた。しかし周囲の情勢をみる時、も早のがれる道はない。われわれはかねての念願である北満の土と化し、最後のご奉公をするだけである。生きてはずかしめを受けるより死

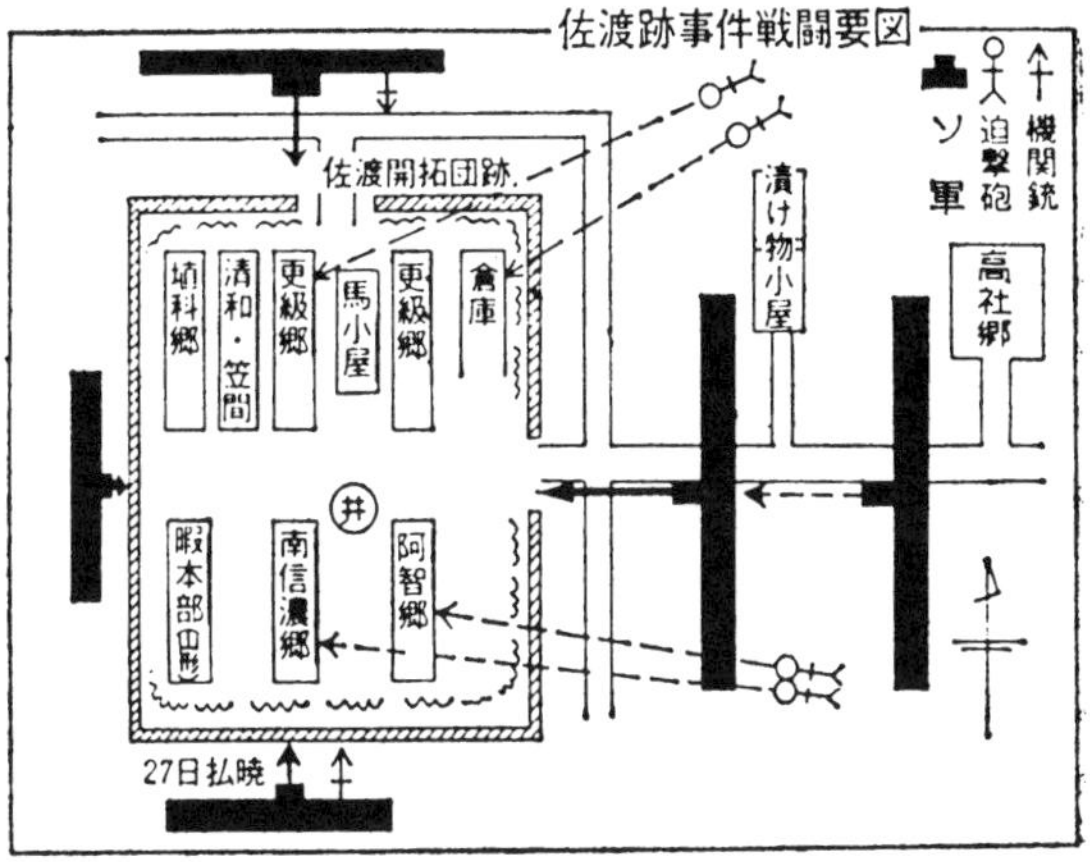

んで護国の礎となろう。ただし体力に自信のあるもの、夫と共にあるものは、今夜半脱出をはかられたい。目的地は牡丹江。そこで南下する皇軍の指揮下に入ることだ。幸い脱出に成功、生き長らえたものは本国に帰還し、母村に伝えてほしい。私たちは母国の勝利を信じ、王道楽土の建設を信じて笑って死んでいったことを……」（下高井郡満州開拓史編纂委員会「満州開拓史」から）

　ほおに流れる涙をはらって古幡副団長は訓辞した。流れる涙をそのままにして聞き入る団員たち。

開拓団では、何かあるたびに祖国の繁栄を祈って万歳をさけんだ。忠誠にかたまっている団幹部は、生きることより自決をえらんだ

内地では敗戦直後の混乱はあったが戦争に生命を奪われる心配だけはなくなっていた。その時、北満では、まだ戦いの終結も知らず、死への準備をすすめていたのだ。自決の時期は二十五日早朝から。自決の方法も決められた。

一、出征遺家族は幹部が責任を持って処置する。

一、夫ある者は、夫が家族を責任もって処置し、所定の火葬場まで運ぶ。

一、見届け役は、古幡副団長と下田讃治氏（旧下高井夜間瀬村助役）。下田氏自決、古幡氏介錯《かいしゃく》、このあと古幡氏自決（満州開拓史から）。

死出の旅を美しく

この夜、脱出を申し出たものは三十三人だった。午後八時すぎ、生きようとするもの、死のうとするもの、それぞれ思いを込めて最後の水さかずきをかわし、やみの山脈に消えていった。この夜、脱出した三十三人も、牡丹江にたどり着いたものはわずか八人。このうち四人も牡丹江の収容所で望郷の思いにかられながら死んでいった。

故郷を後にした時、骨を北満に埋める覚悟はできていた。だが、放浪の末に心ならずも命を絶つとは夢にも考えていなかったのだ。死を決意した高社郷の集団は、ひっそりと静かだった。子どもたちの破れたズボンをつくろう母親。近くの沼池でからだを洗う人たち。死出の旅を少しでも美しくしようという心づかいだった。

8　読経の中、自決つづく

遺体は馬小屋に重なる

昭和二十年八月二十五日午前四時すぎ。夜明けの空をふるわせて、自決の銃声がひびく。肉親に、知人に向けられる銃声は絶え間ない。「火葬場」に決められた、佐渡開拓団第一部落の馬小屋は、しかばねの数を増していった。

この火葬場は、前日の自決方針が決められた後、死を決意した大人たち全員が作ったものだった。馬小屋に、よく燃えるようにと干し草を厚く敷きつめた。みにくい死体を他人の目にさらしたくないという気持ちからだった。

脱出希望者三十三人を送り出した二十四日夜の高社郷の集団は、夜ふけとともに悲痛な空気につつまれた。ただ子どもたちは、夜、昼ない脱出の旅が、ここ二日ばかりないことがうれしいのか、無心に遊んでいた。疲れとともに子どもたちを苦しめたひもじさも、佐渡跡に残っていた食料が救ってくれた。「いつまでもここにいようね」。しばらくぶりの〝平穏〟な生活に、こどもたちは一様に親たちに、こうせがんだという。「全員がこの地で果てる」という自決の方針は、子どもたちには知らされてはいなかった。たとえ知らせても、そのことの意味を理解できるものはなかった。それだけに親たちの苦しみは、激しく、戦争をのろった。

眠る愛児に〝死化粧〟

子どもたちが、安らかな寝息をたて、あどけない寝顔をみせはじめたころから、大人たちは、動きだした。「死の旅立ち」に数少ない男子団員に手助けをこうためだった。「死」ほど人間にとって恐ろしいものはない。高社郷の人たちも、恐ろしかったにちがいない。どうして死ななければならないのか――という疑問を持ったにちがいない。しかし、あの気違いじみた〝生きてはずかしめを受けるより…〟という精神主義は、死の恐怖や疑問にもまして強かった。

自決の介添えを得た婦人たちは、親しくしてきた隣人や、同じ故郷の出身者たちと別れを惜しんだ。だれがしのばせてきたのか、一本の口紅が婦人たちの手から手へ渡った。無心に眠る愛児の口もとにも〝死化粧〟がほどこされた。

同胞が同胞を打つ

夕方まで聞こえていたソ連軍のらしい銃声もなく、星は満天に散らばる静かな夜だった。故郷のこと、戦場に狩り出された夫のこと、捨ててきた万金山のこと…。東の空がしらみはじめるまで語り明かしたという。

「それではひと足おさきに…」。子どもを両手に、あるいは胸に、火葬場になる馬小屋へと立ち去る人の数がふえた。一発、二発…。―消えかかる星空に、同胞が同胞を打つ銃声が鋭い。下田讃治氏（旧夜間瀬村助役・佐渡跡で最後に自決）の読経が低く流れるなかを、自決者は、つづいた。髪をふり乱し、目を血ばしらせ、泣き叫ぶ子どもを抱きしめて去って行く母親たち。こんなことが、この地球上にあってよいことなのだろうか。

「とうちゃん！　イヤダッ」。流れだした血にすべりながら逃げまわる子ども。何事かわめきながら目をつぶってヒキガネをひく父親…。

終生いえぬ心の傷

「三歳になる女の子と五歳になる男の子でした。私の肩には、この子どもを天国へ送る三八式歩兵銃がかかっていました。馬小屋のなかには顔見知りが何人か、すでにこと切れていた。入り口にふたりのこどもを残し、死体に干し草をかけました。とめどなく流れる涙に気がついた五歳の男の子は、不思議そうに私の顔を見つめていました。あの澄んだひとみは、今もはっきりおぼえています。父親を信じきったひとみでした。〝おにいちゃんにだっこしてなさい。いますぐいいところへ行けるから〟。二人を干し草の上にすわらせました。うしろから二つの小さな背中に〝照準〟を合わせました。そして祈るように二回ひきがねを引いてしまったのです」。こう話してくれたある父親は、上半身をがっくりとテーブルの上に倒した。肩はいつまでもふるえていた。生きて帰って築いた現在の平和な生活も二つの幼い生命であがなったものなのだ。自分の手でわが子の命を奪った傷は深い。この父親の心の傷は終生いやされることがないのかもしれない。しかし、この父親の責任は問えないだろう。生か死か。ギリギリの場面に追いつめられた人間の行動は、平和な時の常識では、理解できない。この父親に、そうさせた戦争の罪で

満州の自然は広大で美しい。だが、20年前には、この広野で悲劇が相次いだ

ある。この罪をいやというほど感じたのだろうか。父親は、「戦争はいやです。戦争はいけません」という。異郷の地で果てたわが子を思うのか、遠いひとみでしみじみと語っていた。このことばに、ウソはなかった。口先で「平和、平和」と叫ぶより、骨身に徹した重みがあった。

血は川となって

読経が高く低く流れる。撃つものも、撃たれるものも涙を流しながら〝惨劇〟はつづいた。その数は五百十四人—。馬小屋は死体の山となり、高社郷の血は川となって流れた。

八月二十五日午後三時ごろ。佐渡開拓団跡の本部に滞留していた更級郷、阿智郷、南信濃郷などの県出身者たちは、高社郷のいた第一部落跡から火柱とともに黒煙があがるのを見た。自決者の火葬の煙である。晴れた空に、やがて煙は、吸い込まれるように消えていった。この霊は、どうしたらうかばれるのだろうか—。

9　死地からの脱出

荒野をさまよう

佐渡開拓団跡での「惨劇」で、高社郷の人たち全部が散ってしまったわけではない。あまりにむごい行動を目のあたりにし、消えかかった生への執着を呼びおこして、脱出をはかった人もあった。その数は何人だったかはっきりしない。とにかく二十一人の人たちは、佐渡跡脱出後、北満の荒野を放浪し、その間、何度か〝死線〟をさまよいながら、二十一年から二十二年にかけて、故郷に帰ってきた。

八月二十五日午前八時すぎには、自決の銃声はほぼ峠を越えた。それでもまだ夫を〝幻の部隊〟に送り出した若妻たちが、幼いこどもを胸に抱くなど、光を失ったひとみで自決の順番を待つ人たちは数十人いただろうか。そのなかで、死の恐怖にとらわれた人たちは、最後の力をふりしぼって生きのびようとしたのである。佐渡開拓団跡付近は、すでにソ連軍に包囲されていたのだが、ある人は勃利をめざして。ある人は牡丹江を目標に、同胞と別れのことばをかわすことなく、高く茂ったトウモロコシ畑のなかに脱出の道を選んだ。

〝生きて故郷の空を〟

滝沢隆四郎氏（長野市五分一在住・二十一年十一月帰国）の一家も、数少ない脱出組のなかに含まれていた。ここで生涯を閉じるか。生命あるかぎり、一歩でも故郷へ近づくべきか。銃声と悲鳴と幼いこどもたちの泣き叫ぶ「生き地獄」のなかで考えた。妻きみのさん。長男隆太郎君（当時十八歳）。三男博義君（同十一歳）、長女登美子さん（同七歳）。妻も子どもたちも、すでに死を覚悟していた。生か死のどたん場では、思考力もにぶっていたが生きたいという願望は、まだ強かった。万金山を出る時、夫妻の背にいた二人の子どもは、この時すでにこの世になく、脱出の可能性は、他の家族とくらべてかなり強かった。ふと見上げた青空に白い雲が流れる。信州の空に似ていた。この時、〝生きて故郷の空を見たい〟と思った。「なにがなんでもがんばろう」。生への執着は〝故郷の空〟を胸に抱くことによって、いっ

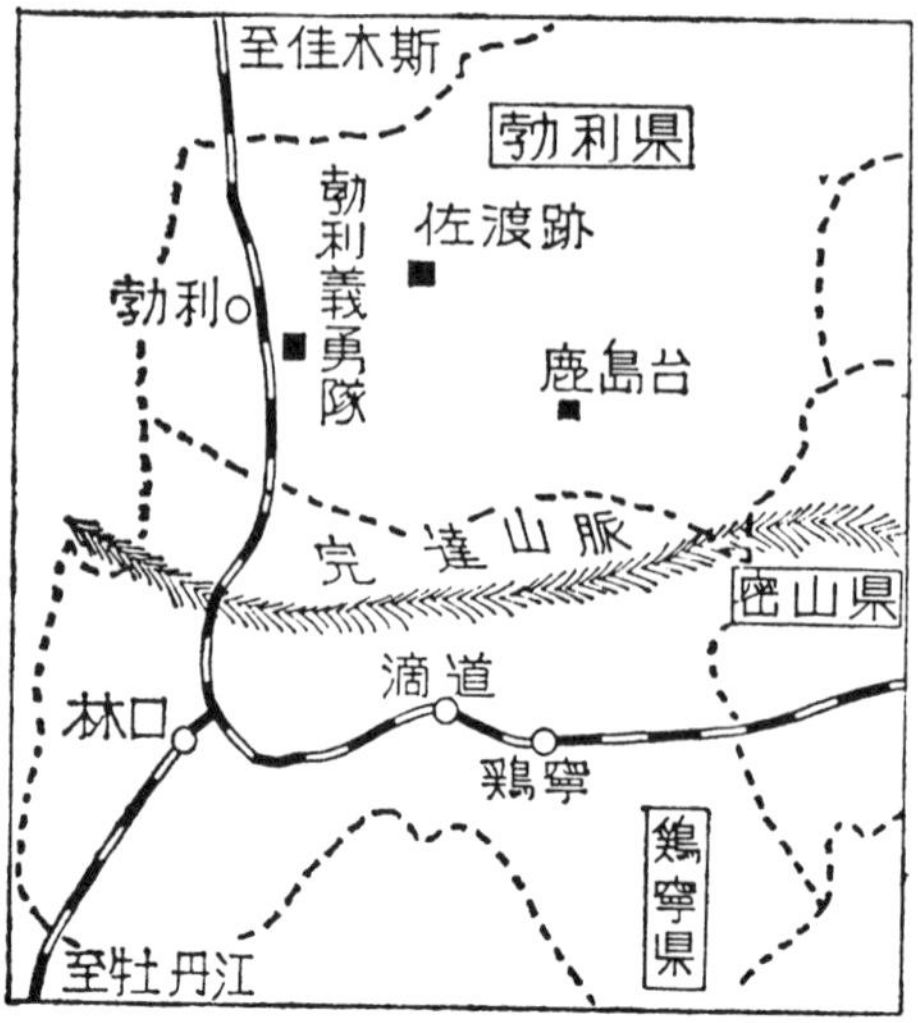

そうはげしいものになったという。

ソ連軍の包囲脱出

佐渡開拓団跡のはるか南に、完達山嶺が東西にはしっている。「あの山中に逃げ込み、山を越して南下すればやがて牡丹江に出るだろう。牡丹江に出れば関東軍は、いるにちがいない」。うろおぼえの頭のなかにある地図をたよりに、脱出の計画を練った。「逃げるぞー」。長男隆太郎君に呼びかけて、はてしなく広がるトウモロコシ畑にとびこんだ。万金山を出る時から肩にかけていた三八式歩兵銃は持って出た。敵と戦うためではなく、敵に襲われた場合に自決するための〝凶器〟として持っていたのだ。自決の銃声にまじって、ソ連軍の自動小銃の銃声も聞こえた。自分の背たけよりものびたトウ

生い茂るコウリャン畑の刈り取り作業。北満ではコウリャンやトウモロコシ畑が多く、追われる者には絶好の隠れ場になった

モロコシ畑の中を、まっしぐらに南の方向をめざして進む。夕方、滝沢さんの一家は完達山嶺のなかに身をひそめた。とにかくソ連軍の包囲を、何事もなく脱出することができたのだ。〝死の部落〟佐渡開拓団跡から決死の脱出をはかった人たちのなかには、完達山嶺へ達する前に死んだり、山中で消息を絶った人たちが多かったという。

夜の山中に日本語

山中をさまよった末、二十七日朝、勃利の町からおよそ六十キロほど離れていた勃利義勇隊跡を見おろす場所に出た。東安省密山県の密山から勃利に通ずる街道には、自動車の列が並んでいた。ソ連軍の移動する部隊だった。「見つかるとやられる」。一家は、再び完達山嶺の原始林のなかに、脱出の道をとった。「生きのびられるのか」。一家は、不安におののきながら、小さなタキ火を囲んで脱出後三日目の野宿をしていた。山脈に入る前に、持てるだけ持ってきたトウモロコシを焼く。かんばしい香りが、わずかに生の実感をよみがえらせた。そんなとき暗やみのなかから話し声が聞こえてきた。銃をかまえた。だが聞こえてきたのは日本語だった。佐渡開拓団跡から脱出した阿智郷開拓団の小笠原正賢団長(下伊那阿智村在住)の一行だった。広い北満の、しかも原始林のなかで長野県出身者と会えたのは奇跡というほかなかった。お互いに手をとりあい、涙のうちに無事を祝い合った。

このころ、佐渡開拓団跡に残った更級郷、阿智郷、南信濃郷などおよそ二千人の人たちは、ソ連軍の包囲攻撃を受け、青酸カリをあおって自決する人、迫撃砲の砲弾に倒れる人、雨のように降る弾丸のなかを、武器も持たず突撃して果てた人…。再びあってはならない悲劇がつづいた。ポツダム宣言を受諾し、日本が無条件降伏をした日から、すでに十二日も経過していた。あまりにも残虐であった。

10　国境越えた救いの手

林に降伏知らせるビラ

完達山嶺のなかの放浪は、九月一日までつづいた。疲労と空腹に悩まされながら、星と太陽の位置で、見当をつけながら、ただひたすら南下した。大勢で行動するのは、危険だからと、原始林のなかで行き会った小笠原阿智郷団長の一行とは、八月二十八日朝、祖国での再会を固く約束して、密林のなかを右と左にわかれた。それからの行動は、再び一家五人だけになった。

逃げ込んだ山中には、疎林がはてしなくつづいた。こんな林の切れるあたりに現地人の部落があった

九月一日だった。密林がひらけ、何か〝里〟が近い感じのする疎林のなかを歩いているとき、二、三枚の紙きれが落ちていた。「日本は八月十五日、連合軍に無条件降伏した」という意味が印刷されたビラだった。ソ連軍が飛行機からまいたものらしい。「そんなばかな……負けるはずがない」。心の中で否定した。しかし、つい先日見たソ連軍の移動部隊や攻撃。それに日本軍の飛行機はおろか、ひとりの〝援兵〟もあらわれなかった。そんなことをつなぎあわせると「あるいは…」という不安が心を横切った。しかし無敵を誇った関東軍がいとも簡単に敗れることはない。「スパイのしわざにちがいない」と考えたりしたという。万金山にいたころ、宝清から来た関東軍の将校たちは「心理作戦に動揺するな」と、口ぐせのように言っていたからだ。

心づくしの夕食

四、五百メートル先の畑に現地人の農夫三人が農作業をしているのが見えた。その農夫たちも「お前の国は戦争に負けた」と、言いながら、肩にかけていた三八式歩兵銃を指さして「武装解除」を要求してきた。東安省鶏寧県滴道の町に近い農村だった。「もう戦争に負けたのだから、山の中を逃げる必要はない。これから少し行くと部落がある。そこの屯長（日本の村長に相当）をたずねなさい」。農夫は親切に、道まで教えてくれた。

墓場の部落、佐渡開拓団跡からの脱出行にクツも、衣服もボロボロ。ジュバンのそでをひきちぎって、クツがわり。恐怖と飢えと疲労で目は落ちくぼむ。異様な日本人の五人連れに、現地の人たちは、ゾロゾロあとについてきた。屯長は、親切だった。アワがゆをたいて夕食をふるまってくれた。腹にしみるそのうまさ。圧政の下でいためつけられてきた現地の人たちが、戦いに敗れた「異邦人」に示してくれた隣人愛に思わず目頭がうるんだ。万金山を出てから、はじめて、ゆったりした食事をとった。「あすは滴道まで案内します。そこへ出れば、日本へ帰れるでしょう」と、屯長は、部落のはずれにある一軒の家に五人を案内してくれた。

真夜中、暴徒が襲う

五人は、放浪の疲れから、たちまち深い眠りにおちた。ところが真夜中、滝沢さん一家は、暴徒におそわれたのである。四、五人の現地人にたたき起こされた。たちまち五人は、細びきでゆわえられ、表へ連れ出された。「ここで死ぬのも運命だ」。いさぎよくあきらめた。ここで五人の命を救ってくれたのは、お金だった。団を出る時、持って来た三、四百円のお金を思いおこし、これを「頭領」と思われるひとりの男に差しだした。二言、三言、ことばをかわしているうち、細びきをとき、立ち去った。親子五人は、恐怖におののきながら、宿泊先に帰った。ここも荒らされていた。わずかばかりの荷物は、全部持ち去られた。「命があっただけもうけもの」と慰め合った。

現地人の隣人愛に涙

夜が明けきったころ屯長が顔をみせた。「無事だったか。心配でねむれなかった」。手のつけられない無頼漢どもだと説明した。「大人（中国軍の幹部らしい）から日本人に危害を加えてはならないといわれている。本当によかった」とも言った。心づくしの温かいヒエのおにぎりが、朝食に用意された。「途中、危険なことがあってはいけない。私がいっしょに行けば、だいじょうぶ」だと滴道まで同道することを申し出てくれた。「人類愛」。なんだかばくぜんとしたこのことばの意味が本当によくわかったと滝沢氏はいう。「ギシウホウ」という名の屯長、年齢は四十歳ぐらい。「無事に故郷へ帰れるよう私も祈っている」と滴道まで一家を送っての別れ際に笑顔をみせた。「あの人がいなければ、私たちの生命は、あの滴道の近くの北満の小さな部落で終わっていたにちがいない」。生きていれば、すでに六十歳を超えているはず。かつての支配者日本人に手を貸し、はたして無事でいられただろうか。いや無事でいるはずにちがいない。命の恩人に恩返しをしたい。私にできなければ、むすこにでも…と滝沢氏は言っている。

こうした国境を越えた隣人愛にささえられ滝沢氏の一家五人は、滴道の収容所に入った。万金山を出てから三週間目、佐渡跡を脱出してから八日目である。そのころ、同じ佐渡跡から脱出した高社郷の仲間たちも、かろうじて死地を脱出し勃利に、あるいは林口にたどり着いた。

11　希望と不安の抑留生活

男たちに集合命令

滴道の収容所生活は、一週間ほどだった。ここでの生活は、万金山からの引き揚げ、佐渡開拓団跡からの脱出など、この二十日ばかりの異常な生活にくらべ〝天国と地獄〟の相違だった。山海の珍味があったわけではないが、生きることの喜びをかみしめることができた。九月十三日朝「保安隊」の腕章をつけた中国人が収容所をたずね、鶏寧への移動を告げた。大きな日本人の収容所があり、そこへ集結するためだった。

鶏寧の収容所には、百人近い日本人がいた。もしや高社郷の仲間たちは……とさがしたが、仲間たちは、見当たらなかった。しかし、みんなそれまでの苦難を物語るように、ホオはこけ、ボロきれのような衣服が、みすぼらしかった。四、五日収容所での生活を送ったある日だった。収容所にいたわずかばかりの男に集合命令が出た。どこかへの「使役」だろうと簡単に思っていた。ところが待っていたのは鉄格子付きの獄舎だった。どうして、とらわれの身になったのか、理由はわからなかった。昼でも暗いじめじめした土間である。

生まれてはじめての獄舎生活に、せっかくよみがえった「生への希望」は、日ごとにしぼんでいった。収容所に残してきた小さな子どもや妻のことも心を痛めるタネだった。

連行された五十万

このころ満州の全域ではソ連軍の手によって〝男狩り〟がすすめられていた。かつての満州国時代に要職についていたり、軍人、軍属などの捜索は徹底的におこなわれた。長春（旧新京）では、ソ連軍司令官の名で「昭和六年以降、軍人、軍属であった日本人は○○日までに各地司令部に出頭して登録をしなければならない。これに違反した場合は、軍法にてらし処罰する」旨の布告が出た。登録に行った大部分の日本人は、そのまま抑留され、ソ連地区に連行されていった（満蒙同胞援護会編・満蒙終戦史）。吉林でもハルビンでも瀋陽（旧奉天）でも〝男狩り〟—抑留—ソ連連行

収容所でやっと、助かるかも知れないという希望がよみがえった。しかし、まだ不安は尽きなかった

の〝作業〟がすすんだ。その数は、五十万人にのぼった。北上する各列車は、戦いに敗れ〝尾羽うち枯らした〟日本人でふくれあがっていた。戦いに敗れ、妻子にわかれた男たちのひとみは、うつろだった。この北上する列車のなかには、高社郷開拓団から〝根こそぎ動員〟によって戦場に狩り出されていった開拓団員も多かった。佐渡開拓団跡であの悲惨な最期をとげた妻や子どもの消息も知らず「無事でいてくれ」と祈ったことだろう。

現地人が誘いの手

滝沢氏が獄舎から釈放されたのは十月も末だった。つかまった時にもそうだったが、釈放される時も理由は告げられなかった。それにしても、多くの日本人が捕虜としてソ連領に連れ去られる中で、五十日ほどの「抑留」で釈放されたのは、さいわいだった。五十日ぶりの再会に一家は喜びあった。十一月、北風はすでにハダをさす厳しさ。高社郷を出る時に着ていたものは、すでにボロボロ。しかもそれは、夏物だった。親子五人は、からだを寄せ合って寒さをしのいだ。「私たちのところへきて働きなさい。食べものもあるし、温かい部屋も用意する」。親切な現地の人たちが何人かさそってくれた。〝現地人の下で働く〟、誤った優越感に、こうした現地の人たちの温かい申し入れを素直に受け入れられないのが悲しかったという。それに、いま現地の人たちの家に入ってしまえば、故郷へ帰れなくなるのでは…という不安もあった。そのころ、現地の人からラジオニュースで聞いたのだが、戦後の日本では餓死者が続出しているという話を聞かされた。連日の空襲で日本は、焼け野原になった。食糧もない。そんな日本に帰ってもただ苦労するだけではないか。ここで働いた方がよいと、それとなくほのめかした。なぜか現地の人たちは日本人をほしがった。〝じつこく〟残留を迫られるものもあった。

重労働だが飢えず

「帰っても飢え死にするだけ」ということばも現地人の家に入る決意をさせるひとつの要素ではあった。だが、何より日ごとに募る飢えと寒さには勝てず、現地の人の好意に甘えることを〝家族会議〟の結果決めたのは、十一月もなかばだった。それはアメをつくる小さな町工場だった。朝は四時ごろから夜は十時すぎまで、かつて自分たちが使っていた苦力（クーリー）の生活が、今度は自分たちのものだった。しかし意外だったのは主人の作業とまったく同じことだった。作業は決して楽ではなかった。だが、一家五人が暖かい部屋で食事ができることだけでも幸福だった。たまには、このアメ屋の主人と酒をくみかわすこともあった。「あなたは日本人。わたしは中国人だ。しかし私たちはアジアの人間だ。過去は、どうであれ日本とわれわれは手をつないでいかなければならない。からだを大事にしてお互いの国のためにがんばろう」。これが主人の口ぐせだった。つい三、四ヵ月ほど前まであらゆる面で差別されてきた人の口から出たことばとは思えなかった。〝五族共和〟の美名をかかげながら、厳しい差別をしていた「日本の政策」を、行動で批判した人間の大きさに、精神的にも敗北感をしみじみ味わったという。この年の十一月から十二月にかけて、満州各地では、現地人の愛情によって、その家庭で越冬の準備に入る日本人も多かった。

12　美しき祖国の山河

恥を忘れ物乞い

十一月をすぎるころ、満州各地の都市は、南下してきた開拓団員や一般邦人の〝難民〟の群れでふくれあがった。牡丹江、ハルビン、長春（旧新京）、瀋陽（旧奉天）などの街かどには、ボロボロの衣服をまとい「物乞い」をする難民の子どもたちであふれた。プライドも何もなかった。ひもじさを満たすために、通りがかりの現地の人たちに、食物を乞う手を差しだしていたのである。日本でも「進駐軍」のジープにむらがり、兵隊たちに「プリーズ・ギブ・ミー・チョコレート」と叫んでいたあのみじめな姿は、北満でも南満でも同じだった。現地の人たちを一段と高い所から見下していた敗戦前までのごう慢さは、そこにはなかった。「生きるために食う」のにはちがいなかったが、「食わなければ死んでしまう」という極度の飢餓状態に追い込まれていた。難民たちは、恥も外聞も忘れて食物をあさった。飢えは、望郷の思いにさらにかり立てた。

希望—落胆の連続

奥地からの難民は、各都市の小学校などに収容された。ハルビンは「花園在満国民学校」、長春は「室町在満国民学校」（いずれも日本人小学校）などだった。奥地からの脱出に成功した開拓農民たち——特に長野県出身者たちは、ハルビン、牡丹江、それに三江省方正県の方正周辺に多く集まり、帰国の日を待った。「正月は内地でできる」。正月を故郷でむかえたいものだという話が、いつの間にか正月は、内地でむかえられそうだという希望的な観測に変わり、さらに〝確定的〟な話になってもどってきた。そして、その時期がすぎて、はじめてデマだと知り落胆するという連続だった。あきることなく〝希望的観測〟は、流され、そして落胆した。みじめな収容所の生活に望郷の思いはさらに募った。こんな中で、難民たちの栄養失調は、徐々にすすみ、青黒くむくんだからだを床に伏せる人が多くなった。せっかくながらえた命が縮んでいった。それに追い打ちをかけるように、十二月のなかばすぎから発しんチフスが流行しだし、翌二十一年の春まで猛威をふるった。

収容所でも死体の山

四十度を越す高熱がつづき、バタバタと倒れていった。死体は、はじめのうちは、収容所近くのあき地に埋められたが、死者の数がふえるにつれ、死体は埋めることもなく放置された。ハルビン花園在満国民学校の校庭には、零下三十度近い酷寒のため、丸太のように凍った死体が山をつくった。

「破損した古い教室には、一室三十人から四十人の人々が収容されていた。各室の中央部には、きわめて小さい鉄板のストーブが一個そなえられているにすぎなかった。そのまわりには、比較的健康な脱出者が、長春に到着したままのよごれた姿でうずくまり、部屋のすみには、ゴザや麻袋をかぶった病人が横たわっていた。なかには動かない人もいるので係が聞いてみると〝昨夜死んだようですよ〟と隣人が答えるありさまだった。死体室にあてられた一室には、つねに数十の死体が横たえられていた」—満蒙同胞援護会編の満蒙終戦史は、収容所とその悲惨さをこのように記録している。何人が、どのようにして死んだのか、正確なことはわからない。佐渡跡から自決前夜脱出し、牡丹江にたどり着いたわずかな高社郷の人たちも、その半数は、栄養失調と病気のため帰らぬ人になってしまった。

引き揚げ船の入港。日本の山河を望み、はじめて“生きていた”という実感をかみしめた

同胞たちが、寒さと飢えと病気によって、次々と満州各地で倒れていったころ、滝沢氏の一家は、アメを作る工場で働き、その努力が認められて「主任」の肩書をもらうまでになっていた。しかし望郷の思いは募るばかり。五月一日鶏寧を出発。アメ屋の主人も従業員も一家をひきとめたのだが、一家の望郷の思いを理解し、ささやかだが送別の宴を張ってくれた。革ぐつ、衣類、せんべつ…。国境を超えた愛情を込めた贈りものもそえ

てくれた。一家は、鶏寧から牡丹江を経てハルビンに出た。ハルビンでの生活は三ヵ月。祖国への玄関口「コロ島」へ向かったのは二十一年九月はじめだった。佐渡開拓団跡を脱出することができた人たちも、滝沢氏の一家と前後して「コロ島」に集結した。

故国生還、二十一人

朝霧にけむる日本の山は美しかった。戦火に焼けただれた祖国だったが、日本は美しかった。引き揚げ船で日本の山河を望み、はじめて生きている実感をかみしめた。

国策にかり立てられ、昭和十五年二月十一日、万金山に入植した七百一人の高社郷の人たちのうち、生きて故郷の土を踏んだ人は百二十人である。そして佐渡開拓団跡から奇跡的に故郷にたどり着いた人たちは、わずか二十一人である。悲劇の開拓団だった。

悲しい自決の銃声がひびいた日から二十年の歳月がめぐった。だが、北満の荒野に果てた、高社郷五百七十四の霊は、肉親の慰霊も受けることができないのである。わが妻が、わが子が果てた場所で慰霊のできる日がほしい——。平和への願いを込めて切々と訴える遺族が多い。この肉親の心の傷がいやされるまで、戦後は終わらないのである。

3　相次ぐ悲劇

1　読書郷

悲劇はつづく

高社郷開拓団が二十年八月二十五日佐渡開拓団跡で生き残る気力のあったわずかの団員をのぞいて全員自決という悲惨な最期をとげたころ、北満の各地に散らばっていた他の開拓団も南をめざして〝地獄の苦しみ〟を続けた。現地人による虐殺、ソ連軍の機銃攻撃、匪《ひ》賊の波状攻撃。ようやく脱出した避難者の群れにもチフス、ハシカなど〝病魔〟と飢え、寒さが容赦なくおそった。高社郷だけでなく、長野県関係には、まだ多くの〝悲劇の開拓団〟があった。

二百二十戸が入植

木曽の山ふところにだかれた西筑摩南木曽町——。木曽川のせせらぎと製材の音が静かな山に吸い込まれていく。木曽川をへだてた町並みと反対の左岸の丘に並んでふたつの塔がある。左側は「拓魂碑」。六年前の八月十五日、この静かな丘に建てられた「拓魂碑」は、二十年前の悲しいできごとを秘めて南木曽の町を見おろしている。終戦の年、北満三江省樺川県公心集読書村開拓団の二部落で現地人の暴動がおきるなど読書村開拓団は、終戦の混乱で多くの犠牲者を出した。「拓魂碑」は、これら犠牲者の慰霊碑なのだ。

いまは、町村合併で南木曽町となっている旧読書村。戦前は朝夕ながめる木曽五木の美林も御料林で意のままにならず「国策と経済更生」というかけ声で昭和十四年二月、満州へ分村をつくった。松花江支流の七虎力河と倭肯河にはさまれた平野には、十六年までに二百二十戸と目標を二十戸も上回る家族が入植した。中和屯、洋犁片屯、栄安屯、興集屯、公心集（団本部所在）、樺木崗の六部落に十九年には、将来、農業試験場にするねらいで報国農場もつくった。

召集と避難命令

一万五千ヘクタールの農地が広がり、内地から送って来たカーネーション、マツバボタンが咲きみだれる読書分村。そんな平和な里も一本の電話連絡で混乱のどん底にたたき落とされた。二十年八月十日朝、八日のソ連参戦を知らない団に「十八歳から四十五歳までの男子全員召集」と〝根こそぎ動員〟の電話連絡がとび込んできた。若者たちは、バンザイに送られ牡丹江の軍司令部へ――。ところがそれを追っかけるように残った老人、女子たちにも十一日夜半、警察から電話連絡がきた。「戦況が極めて険悪であるから団は総員、鉄道で牡丹江に疎開せよ」ということだった。いったんは、闇家駅まで向かった。だが、駅に集まった泰阜村開拓団（下伊那泰阜村の分村）など付近四つの開拓団の間で「列車避難は不安だ」ということになり、開拓団に引き返した。十四日再び避難命令が出て、十五日夕方読書村は、団本部に全部落がそろうのを待っていた。

倒れる婦女子、老人

夕方五時すぎ「洋犁片で暴動が起きた」との知らせがとび込んできた。一瞬、団本部の人たちは耳を疑った。だが、この知らせは事実だった。その日、洋犁片部落では、午後六時避難をはじめるというので持てるだけの荷物をまとめ、にぎりめしをつくって出発を待っていた。そこへ部落の一角で「人殺し、人殺し」、「匪賊だ、匪賊だ」という叫び声があがった。おどろいた人たちが外に出てみると同じ部落の現地人が手に凶器を持って逃げまわる読書村の人たちを追いかけているのだ。大きな草刈りガマ、農耕用フォーク、まき割り、日本刀、小銃、軍事訓練に婦人たちが使っていた竹ヤリ…。数十人の現地人は、手あたりしだいに〝凶器〟をつかんで女子ども、老人におそいかかっていた。銃で撃たれる者、ノドをさされる者、頭を割られる者が続出した。血しぶきをあげながらどっと倒れる。「助けて…」との悲鳴。泣き叫ぶ子ども。血に狂った現地人のば声がとぶ。数人の男の団員は、銃、刀で抵抗した。だが防ぎ切れるはずがなかった。団本部に応援を求めようとしても電話線はすでに切断されていた。生き残った人たちは、部落から脱出しようとした。だが、現地人がへいの上で見張っていて逃げ出す人たちを銃でねらい撃ちした。激しい銃弾をのがれた人は、十数人だった。

大車にゆられて畑の道をゆく婦人たち。こんなのどかな開拓団風景も敗戦で一変した

目をおおう虐殺

洋犁片部落が現地人におそわれていたころ、二キロほどはなれた隣の中和屯でも部落の現地人が暴動をおこしていた。突然あがった「人殺し」という女のかん高い声―。現地人たちは、家に乱入し、手向かう男を切り殺し、射殺し、女子どもを荒らなわでしばりあげ

た。翌十六日朝、しばった人たちを二台の馬車に乗せて運びはじめた。行き先は、部落からわずか離れた墓場だった。現地人は、婦人、子どもたちを馬車からおろすとやにわに竹ヤリでのどを突き殺しはじめた。「ぎゃあ」といううめき。口からあわを吹いて倒れる者。ヤリがそれて顔の皮がむかれおそろしい形相でどっと倒れる者。返り血を浴びた現地人たち。目をおおうばかりの光景だ。やがて竹ヤリが折れた。すると、今度は角材で頭をなぐりはじめた。次々と振りおろされる角材。「ブスッ」というにぶい音がひびく。幼い子どもたちは、ひとたまりもなかった。死体と血でそまった墓場…。どのくらいしてか、虐殺の様子を見とどけ現地人たちは去っていった。二つの部落で起こった暴動。生き残った人の報告をまとめた県厚生課の記録では、洋犁片で百六十七人のうち、六十三人が虐殺され、二人が戦って死亡した。中和屯では六十人のうち三十六人が虐殺されたとある。

収容所でも死者

十六日、公心集の団本部に集まっていた読書村、泰阜村などの避難者たちは、洋犁片、中和屯の虐殺の場から生き残った人たちを助け出して行動を開始した。途中、現地人からの攻撃を受け、死傷者を出した。そして九月四日、三江省方正県伊漢通まで来て収容所に入った。その冬から翌年にかけ、収容所ではハシカ、アミーバ赤痢が流行した。そこへ、飢えと寒さが重なって一万二千人の収容者の六割は死んだ。収容所の生活に耐えかねて現地人のところに身を寄せる婦人もあとを絶たなかった。

読書村開拓団には、二十年四月戦況の不利を知りながら報国農場隊員として渡満した二十歳前後のおとめたち四十人が、収容所で飢えた現地人、ソ連軍の犠牲となるなどの悲劇もあった。だが、なんといっても読書村の悲劇は、洋犁片、中和屯の虐殺事件だった。他の部落の現地人は、避難する家族を馬車で送ってくれるほど親切だった。なぜこの二部落だけが…。現在、南木曽町に帰ってきている元読書村開拓団の人たちは、これにはかたく口を閉じてしまう。この人たちは、虐殺を招いた原因はわかりすぎるほどわかっているのかもしれない。だが、「それを言えば、生きている人の中傷になる。裁判ざたにまでなろうとしたほどだ」という話も聞いた。ただ、読書村の六部落は、どれも現地人の部落にそのまま割り込んだという。洋犁片、中和屯の二部落は、血気盛んな先遣隊の入植した部落でもあった。耕地の確保、現地人の労働力調達で現地人のうらみを買ったのだろうか。

とにかく国策、戦争の生んだ悲劇にはちがいない。生きて帰った人たちの間には、まだ、暗い複雑な感情が固いしこりになっているようだ。西尾春太郎氏（現三殿木材生産協同組合勤務・元読書村開拓団警備指導員）ら三十二人の生還者はどことなく冷たい周りの人たちの視線を浴びながら「拓魂碑」をつくった。亡き開拓団員たちをなぐさめるために。しかし、戦争のキズあとは深く心の奥底に沈んで消え去ろうとしないのだ。

この心のキズをいやすには、一日も早く、再び満州に渡り、あの荒野をさまよう同胞の霊をとむらうことだと心から願う人たちは少なくない。

2 大日向郷

鳴り物入りの「分村」

「カーン、カーン」。とんがり帽子の白い教会の塔から鳴り響く鐘の音がカラマツ林にこだまする。浅間山が淡い紫の煙をはく。そのふところに静かなたたずまいをみせるのは、北佐久軽井沢町大日向区である。満州開拓がはなやかだった戦前、「分村第一号」として鳴り物入りで満州に渡り、全国に知られた「大日向村」の今日の姿だ。保育園に通う子どもたちの黄色い帽子が火山灰地いっぱいに実ったトウモロコシや高原野菜の畑に見えかくれする。敗戦とともに満州を追われ、再起を誓って再び切り開いた浅間山のふもとはどこ

郵便はがき

料金受取人払郵便

長野中央局
承認

9432

差出有効期限
2021年9月30日まで

切手不要

380-8790

044

長野市南県町六五七

信濃毎日新聞社

出版部行

あなたのお名まえ	男・女
〒 ご住所	TEL ( )
学校名学年または職業	
	年齢 歳
ご購読の新聞・雑誌名 (	)

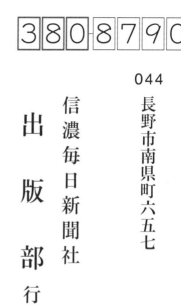

愛読者カード

このたびは小社の本をお求めいただきありがとうございました。お手数ですが、今後の参考にさせていただきますので、下記の項目についてお知らせください。

〔書　名〕

◆ 本書についてのご感想・ご意見、刊行を希望される書物等についてお書きください。

◇ この本を何でお知りになりましたか。

1．信濃毎日新聞の広告
2．書店・売店で見て　　3．人にすすめられて
4．書評・紹介記事を見て（新聞・雑誌名　　　　　　　　）
5．インターネットで見て（サイト名　　　　　　　　）

◇ ご感想は小社ホームページ・広告に匿名で掲載することがあります。

購入申込書

このハガキは、小社刊行物のご注文にご利用ください。

ご注文の本は、宅配便あるいはメール便でお届けします。

(送料は別。代金引換の場合は別途手数料も必要です)

長野県内にお住まいで信濃毎日新聞をご購読の方は、信毎販売店からのお届けもできます（送料無料)。

ご注文内容確認のため、お電話させていただく場合があります。

個人情報は発送事務以外に利用することはありません。

書　名	定　価	部 数

https://shop.shinmai.co.jp/books/　　E-mail shuppanbu@shinmai.co.jp

までものどかで平和だ。だが、部落中央にある公民館わきの開拓犠牲者の慰霊碑を見るにつけ、部落の人たちはいまわしい二十年前を思いおこし、平和を祈る。

　昭和初期の南佐久大日向村（現在佐久町大日向）は、養蚕の不振に加え、細々と続けてきた炭焼きも村有林の木がなくなり、村民は窮乏のどん底に陥った。一戸当たり千円の借金。出稼ぎが奨励された。慣れない職場の重労働で病気になり帰ってくる人が相次いだ。そこに持ちかけられたのが満州移民の話だった。時の浅川武麿村長、堀川清躬産業組合長（大日向村開拓団長）らは「満州に分村を出そう」と説いて歩いた。分村計画ができあがった。村の総戸数四百戸の半分を満州に移すという内容だった。昭和十三年二月十一日先遣隊三十七人が満州吉林省舒蘭県四家房に入植。満鉄四家房駅まで四キロ余り。舒蘭県公署の所在地でひらけていただけに入植がすすみ終戦時は百八十九戸、七百六十六人の分村ができあがった。さらにその地

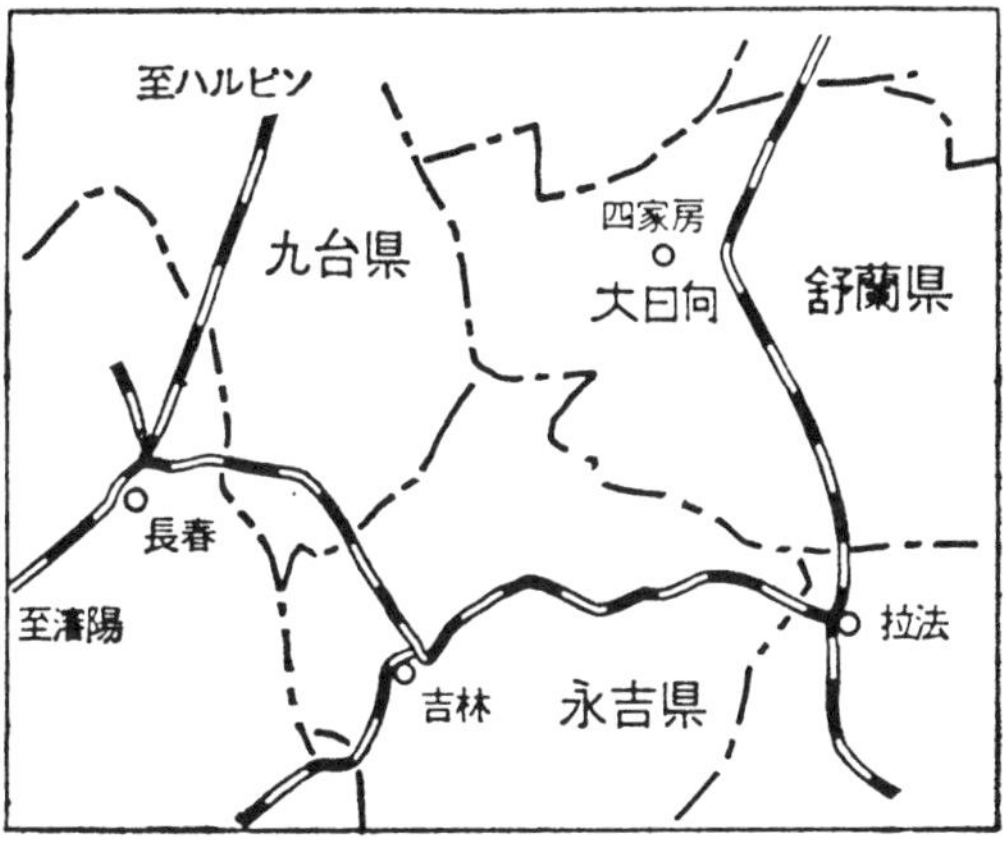

けんめいに荒野を開いた努力も敗戦により一瞬のうちに消えた。にがい思い出だ

には現地人、朝鮮人も二万三千人ほどいた。それらの人たちを管轄するため「大日向村公署」（村役場）もできた。

軍侵略の犠牲

関東軍のきも入りであらゆる点でモデル開拓団だった「大日向村」だったのだが、キャッチフレーズはなんといっても「日本ではじめての分村」だった。拓務省は分村をほめたたえ全国に「大日向村に続け」と号令した。満州の分村にまで撮影隊がやってきて映画をとり、全国に上映された。ラジオ放送も全国に流された。すべて未知の満州に二の足を踏む零細農民をかりたてるためだった。「満州へ、満州へ」と熱っぽい宣伝に血道をあげる国、軍部とは別に大日向村分村を純粋な農村問題としてとらえる人もあった。小説家和田伝氏（神奈川県在住）は、そのひとりだった。和田伝氏は、大日向村が経済の行き詰まりでどうにもならなくなったころから筆を起こし、村をふたつに割って本隊が満州に出発するまでの長編小説「大日向村」を十三年に書き上げた。この小説がさらに前進座の劇になった。河原崎長十郎が堀川清躬団長、中村翫右衛門が浅川村長の役をやった。十三年から十四年にかけての東京、大阪の公演は大当たり。長十郎、翫右衛門の熱演が不況のなかで、わらをもつかもうとする庶民の心を引きつけたのだろう。だが、小説、演劇も結果的には、軍部にたくみに利用された。和田伝氏は「村にいても生計がたたない。とすれば農民はどこか土地を見つけなければならない。大日向分村は、自然発生的だった。当時の農民の夢は、大きかった。それがたまたま軍の侵略主義者の犠牲となったのだ」と当時をふり返って語っている。

数千人の暴徒襲う

四家房大日向村が終戦を知ったのは、二十年八月十五日その日だった。当時、警備指導員だった堀川源雄氏（五八）＝軽井沢町大日向区在住＝は「軍が武装解除となった以上、農民が武器を持っているのは危険だ」と判断。村じゅうの武器をトラック二台と馬車七台に積んで県公署に返した。八月いっぱい村は平和だった。だが、九月になると関東軍に牛馬のようにつかわれた現地人労務者のうらみがついに爆発した。九月八日夕方三百五十人ほどの匪賊《ひ》、現地人が青竜刀、ヤリを持って第一部落をおそってきた。堀川源雄氏は食糧、衣類を渡すことを条件に現地人の撤退交渉にいったんは成功した。だが翌九日夜明け、大車三百台を連ねた数千人の匪賊、現地人が各部落を一斉に襲撃してきた。銃でおどして略奪する匪賊たち。逃げまどう親子。竹ヤリ、猟銃で抵抗する老人。どの部落も匪賊などのじゅうりんにまかされた。奪うだけ奪って略奪の群れは、去った。だが、そのあとには八人の自決者と抵抗したためヤリなどで刺し殺された犠牲者の遺体がむざんな姿でころがっていた。逃げかくれていた村人たち六百六十人ほどが第二部落に集まったのは九月十二日だった。その間も匪賊の攻撃はつづいた。第二部落の土壁にたてこもった村民は、竹ヤリで六百人ほどの攻撃に備えた。しかし、最後の場面も予想し、婦女子を自決させるため劇毒物を用意し、堀川清躬団長が持っていた。

新京で半数が死ぬ

九月二十七日、ソ連軍の命令で大日向村の一団が新京（関東省）に引き揚げた。金と婦女子をねらう現地人が途中で何回となく出没した。婦人は髪を切り、顔にばい煙を塗って変装し、身を守った。とにかく新京まではなんとか危機を逃れて犠牲者も少なかった。しかし、大日向村にとっては新京が運命の地だった。九月末から冬にかけ、ハシカ、チフス、カゼが流行し、翌年春までに大日向村だけで堀川団長をはじめ三百八十人、半数の団員、家族の命を奪った。

浅間山ろくに新天地

夢破れて百六十戸、二百三十人が旧大日向村に帰ったのは二十一年九月十三日だった。しかし、帰る家も仕事もなかった。なんとか食べなければならない。引き揚げ団を指揮した堀川源雄氏は、再度分村を決意した。浅間山ろくに二百五十ヘクタールの原野を見つけ、二十二年二月十一日、満州四家房入植と同じ日、先遣隊三十七人が入植した。つづいて本隊が入植し六十五戸の開拓部落ができあがった。満州で両親を失った十四人の孤児、夫を失った十六人の婦人もいた。夫婦健在の家がたった七戸だけだった。「融和団結苦難に耐えよ」のスローガンのもとに泥と汗の共同営農の生活がつづいた。二十二年十月、大日向分村の再起が天皇陛下の耳に達し天皇は、特別におたずねになったほどだった。二十七年、すさんだ心をやわらげようとカトリック教会が生まれた。二十八年には共同経営から八―十三戸を単位とする農耕組という隣組組織に営農形態が変わった。二十八年からの相次ぐ凶作で、区全体で三千五百万円の借金ができた。これも三十四ヘクタールの共有地を観光地に売って返済。そのうえに住宅を改善した。六十五戸で自家用車三十六台、耕運機二十台、乳牛八十三頭、年収八十——二百万円。奇跡的な復興をとげた〝高原野菜とミルクの里〟大日向の姿だ。和田伝氏は「大日向の人たちには満州で得た精神的な何かがある」という。何かとは、どんな苦労にも負けない根性と、永遠の平和への願いではないだろうか。

3　泰阜郷

一瞬、夢破れる

下伊那泰阜村が、満州移民を送り出したのは昭和十四年二月だった。山ひだにへばりついた寒村。むろん農耕地はとぼしく生活は貧しかった。そこへ「ひらけ満州」のことばとともに「見渡すかぎりの広大な農地があなた方のものになる——」と、甘いことばに、村民の多くは満州開拓の誘いにとびついた。戸数二百二十四戸、一千十四人。母村の三分の一近い人たちが満州の荒野に分村していったのである。宣伝はウソではなかった。入植地の三江省樺川県大八浪には、伊那谷の山中でも想像もできない、豊かな農地が待っていた。

肥料をやらなくてもジャガイモは大人のコブシ以上も大きくなった。豊かに実る稲穂の波……「あの泰阜の山中にいれば一生うだつはあがらなかっただろう。きて良かった」。会合のたびごとといってよいほど、希望に満ちた話に花が咲いた。〝ネコの額〟のような農地にへばりついている郷里の仲間たちを、呼んでやろう。こんなことばもかわされた。「二、三年たったら里帰りでもしよう」。郷里に錦を飾って帰れる見通しもついた。二十年のことである。

しかし、こうした開拓農民の夢も希望も一瞬にして破られる日がきた。二十年八月十一日午前十一時すぎ、閻家屯《えんじゃとん》警察署から団本部にソ連参戦の連絡とともに「十二日正午すぎに閻家屯駅に集合せよ」という命令がとび込んだ。各開拓村に避難命令が伝わる。およそ五キロほど離れた閻家屯駅に集結したのは十二日の夜だった。すでに、この駅周辺には、近くの開拓団員およそ三千人が集結、ごった返した。駅には、疎開列車が入っていた。開拓団員を乗せて南下するためである。

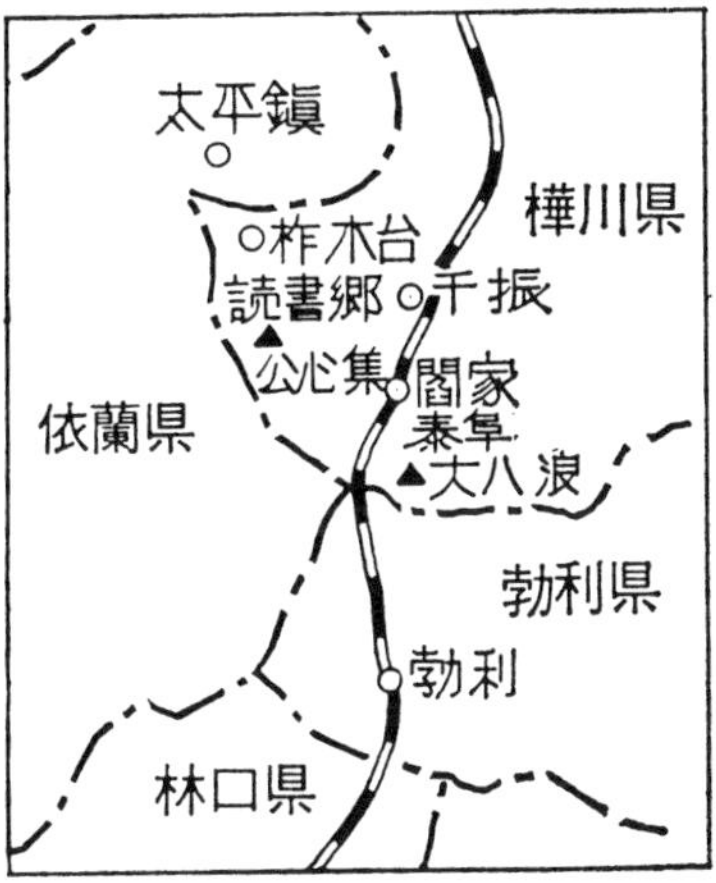

切り開いた広大な土地は開拓団の人たちに“希望”を与えたが、敗戦とともに、それも一瞬に消え去った

しかし、ここでも「団を死守するのはわれわれ開拓農民の使命ではないか」とか「引き揚げ場所が明確でなく、この列車に乗るべきでない」といった意見が、各開拓団幹部の間で支配的となった。軍人が声をからして乗車を呼びかけたが、だれ一人列車に乗るものはなかった。幹部から乗車の命令が出なかったからである。

運命のわかれ道

列車は、からのまま発車してしまった。ことの重大さを知っていれば、この列車に乗り、多くの人があの苦労を知ることなく、また、異郷の地で数多くの犠牲者を出さずにすんだことだろうに。現在なら無知といえるが、混乱の中で冷静な判断もできなかった。これが運命のわかれ道となった。団員は再び大八浪の第二の故郷に逆もどり。十三日だった。しかし大八浪の開拓村は、すでに平和ではなかった。一日の間に、各家庭の家財は、持ち去られたあとだった。無気味な雰囲気がただよう。開拓団員たちの不安は大きかった。〝根こそぎ動員〟による男手不足も残った婦女子の気持ちを暗くした。十五日「依蘭」への再度の避難命令がきた。平静を失った泰阜村の人たちは、この命令で行動をおこした。

前途不安の行進

その日の夕方、団をあとにした。八百人近い集団であっただろうか。十六日明け方近いころ、公心集読書郷開拓団に入った。背すじに冷気のはしる恐ろしさがある。ひっそりと死の静けさだった。両耳を刃物でそがれ、ひん死の重傷を負っている少年を見つけたのは団に着いて間もなく。そこで読書郷の人たちが暴徒におそわれ虐殺されたことを知った。いつ自分たちもおそわれるかもしれない、という不安におののきながら、広い倉庫の〝仮の宿〟で、息をひそめて一日をすごした。何事もなかった。十六日夕方、暗やみにまぎれるように、悲劇の読書郷を出発した。出発して間もなくだった。近くの小高い丘から「ノロシ」があがった。この「ノロシ」は次々に中継されていった。前途に不吉な予感を感じた。

苦しい行進は、幾日つづいたのか記憶はない。疲れ。飢え。死の恐怖……。ただ何かにつかれたように歩きつづけた。八月二十六日ようやく牡丹江のほとりに出た。脱出の途中、十八日には柞木台《さくもくだい》付近で十九日には太平鎮《たいへいちん》付近で、二回にわたって暴徒による襲撃を受けた。ここで五十人近い人が帰らぬ人となった。二十日、めざす依蘭の町が激しい空襲を受けているという情報があり、方正へ避難の道をとった。二十六日夜は、河のほとりで一夜を明かした。

胸までつかる急流を渡る。流されていく人に手を貸すゆとりもない。何人もの子どもや老人が急流に消えていった。「渡河」のあと待っていたものは山脈越え。光もささない原始林、老嶺山脈に一行は、踏みこんだ。二十七日だった。このとき、すでに団は乱れ、三三、五五の行動だった。三日間にわたる老嶺山脈の放浪でも、多くの人命を失った。

先着隊がめざす方正の町に着いたのは九月三日だった。それから一週ほどの間に、たどり着くべき人たちは方正の町に集まった。大八浪を出る時の仲間で、姿を見せない顔ぶれも多かった。

最後は子を捨て現地妻

二カ月ほど収容所で団の集団生活がつづいた。しかし、追ってくる酷寒と飢えのため、団の統制は乱れた。病気と栄養失調で倒れて行く人はふえるばかり。こんななかで、現地の人たちから日本人難民に、結婚の申し込みと、子どもをくれないかという申し入れが相次ぐ。死か。申し入れを受けるか。二つにひとつを選ばねばならなかった。「泣く思いで四人の女の子を手ばなしました」。生きるためには仕方がなかったのだ。生きて帰ったある母親は、目頭を押さえてこう話してくれた。その子たちの消息は、まったくわからない。現地の人と結婚した婦人も多かった。十七、八歳の若さで、愛情で結ばれたわけでもなく結婚した人たち。これも生きるためだった。ひとりが〝犠牲〟になることによって、その親や、兄弟姉妹が飢えから救われるからだった。

残留者百七十余人

泰阜村役場の調べだと、今なお方正県の方正周辺で残留している泰阜分村開拓団の人たちは百七十四人もいるという。あるものは、自分の体内に日本人の血が流れていることも知らず青年期をむかえ、あるいは祖父母の顔を知らないまま子どもを胸にだいた現地妻も多い。今もこうした人たちが北満の地で生活しているのである。高社郷の悲劇と形こそちがえ、これも悲劇である。生きて帰った人は三百四十人。生きて帰った人も、北満の地に残る人も、戦争で受けた心の傷は、いえない。泰阜村の人たちは、北満で果てた人たちの慰霊はもちろんだが、あの地に行って〝捨ててきた子ども〟を見つけ、あるいは国籍のちがう孫たちを、この手で抱きしめたいと願っている。子を持つ親として、この願いはかなえられないものだろうか……。

4　阿智郷・南信濃郷

短かったバラ色の夢

阿智郷も、南信濃郷開拓団も、あの悲劇の運命をたどった高社郷開拓団と同じ地区、東安省宝清県に〝第二の故郷〟を築いていた開拓団である。二十年八月九日午後三時すぎだった。阿智郷開拓団本部に、近くの東横林に入植していた南信濃の若い団員から、ソ連参戦の連絡がとどいた。早馬でかけてきた団員は、「早急に宝清の町まで避難せよ」という命令を伝え、引き返していった。あわただしい脱出の準備だった。本格的な北満の実りの秋をまだ知らない団員たちは、豊作を約束している農作物に未練はあったのだが、軍命令には素直に従うことにし、十日早朝の出発を指示したのである。思えば、短い北満の生活であった。ただ財産を捨てるために、尊い命を北満の地でおとすために入植した阿智郷だった。

阿智郷が、開拓農民として北満の地に骨を埋める覚悟で入植したのは、昭和十九年四月二十九日だった。第二次世界大戦の日本の戦局は、坂道をころがるように、日一日悪化していった時期である。そして国内では「聖戦のため一億国民火の玉となれ」と軍部が政治の要を握り、「必勝」をわめいていた。しかし、ラジオニュースは「海ゆかば…」の曲を放送する回数がふえていた。しかし、国民は、戦局が不利にすすんでいることも知らず、「満蒙開拓」の国策は農村地帯では〝国難〟に対処する農民の忠誠心のあらわれとして宣伝されていたのである。それに、下伊那各村からすでに満州の地に渡っていた開拓民たちから寄せられたよりは、明るいもので、これが特に村民たちを刺激したのである。今でも辺地といわれる下伊那地方。二十年前の生活は、いまよりまだ貧しく、生活は苦しかった。国策による呼びかけの影響もあっただろうが、満州の地に〝バラ色の夢〟をえがいた。これが、戦局急を告げていた時代に、移民を決意した大きな理由といえるようだ。

県最後の送出移民

下伊那郡山本村（現飯田市）、会地村、伍和村（現阿智村）を主体にして、七十九戸、二百十五人が応募した。「玄界灘」を渡る関釜連絡船は、潜水艦にねらわれすでに危険だった。救命胴衣を着けての一夜は、不安だったが「海を渡れば楽土がある」と開拓民の心は明るかった。これは長野県送りだし最後の開拓団であった。

一方、東安省宝清県東横林に入植した南信濃郷も、貧しさからの逃避であった。貧しさから「出づくり農業」をしている清内路村をはじめ、智里村（現阿智村）、浪合、平谷、根羽の五ヵ村から百八戸、四百九十二人が参加した。昭和十八年三月三十一日だった。南信濃郷開拓団も、阿智郷も、入植後、日が浅かっただけに、作業はつらく厳しかった。それだけに、二十年の収穫にかける期待は、大きかった。開拓農民がかけた期待のように、農作物は、順調に育っていった。しかし、そうした農民の期待は、ソ連参戦の知らせで一瞬のうちに消えたのである。

老人見捨てて避難

八月十日朝、五十人あまりの阿智郷国民学校生徒を先頭に、婦人、幼児、荷馬車、独身者の順に列をつくって宝清をめざしての避難行動は開始された。地獄への旅立ちだった。その夜は、南信濃郷開拓団に一泊した。夕方から降り出した雨は、翌日になっても止まなかった。女、子どもが中心の〝難民の群れ〟にとって、荒野を行く「避難行」は、ただでさえ苦しい。雨はその苦しみを倍加した。南信濃郷と行動をともにした阿智郷は、十四日蘭芳山部落に入った。宝清県と勃利県の県境の小部落だった。ここで伍和出身の老人が脳いっ血でたおれた。避難行動をともにすることはとうてい不可能だった。老人をひとりこの地に置き去りにするより仕方なかった。放浪の旅は、悲劇の旅でもあった。

母の手に　かかりて逝《い》くや　肌寒し

春待たで　異国に散るや　若ざくら

奇跡的な生還をした山本慈昭氏（下伊那阿智村駒場在住・阿智郷開拓団）が生きて帰って、この悲惨な開拓団の最後を母村に伝えようという「執念」で書きつづったメモに記してきた俳句である。幼い子どもたちは死んでいった。

倭肯河《わいこうが》の渡河の苦しみも高社郷の人たちとまったく同じだった。母親を呼びながら濁流に消えていった幼い子ども。泳ぎを知らぬ老人が異郷の地に虫けらのように死んでいった。

鹿島台　戦闘数時　夕せまる

二十一日午後、鹿島台開拓地近くで反乱軍の襲撃を受けた。敗戦を知らぬ避難民のうち、数少ない男たちは、女、子どもを守るため銃身が真っ赤に焼けただれるまで応戦した。し

広大な満州。生還者にとっては、思い出もさまざまな“幻の荒野”でもある

かし犠牲はふえるばかり。戦闘員だけでも二十余人の犠牲者がでた。

母親自決の道選ぶ

運命の場所、佐渡開拓団跡に一行がたどり着いたのは二十三日だった。南信濃郷の人たちも阿智郷の人たちも衣服はやぶれ、死からの脱出という精神的な疲れも手伝って、目は落ちくぼみ、二週間前の開拓民のたくましさはなかった。その日の午後だった。近くのトウモロコシ畑に不時着したソ連機を、血気にはやる人たちが襲撃し焼きはらったのである。

不時着の　敵機おそうや　雨しきり

山本慈昭氏は当時の模様を、このように記している。このあと佐渡跡の「治安」は、大きな不安を感ずるようになった。脱出か。最後まで戦うか。あるいは自決か。幹部会議の結論は、いつまでも出なかった。そして高社郷は自決へ。更級郷は最後のひとりまで戦かった。阿智郷は、独身者は牡丹江方面に、家族連れは、勃利に避難することを決め、解団式をおこなった。山本慈昭氏は、教え子たちに避難をすすめた。しかし、多くの母親たちは、「生きることに疲れた」と、佐渡跡を動こうとしなかったという。自決の道を選んだのである。

この世にて　この目にみたる　生地獄

二十五日から二十七日にかけて、ある人は自らの命を絶ち、ある人は、ソ連軍の攻撃によって北満の地に散っていったのである。

南信濃郷は、四百九十五人中、三百二十九人が、阿智郷は二百十五人中、百五十一人が、故郷の土地を再び見ることなく、果てたのである。これも悲劇の開拓団であった。

5　更級郷

小学生まで死の突撃

二十年八月二十五日、北満東安省勃利県七台河の佐渡開拓団跡で、高社郷開拓団員が自決した翌々日の二十七日、同じ佐渡開拓団跡でソ連軍に攻撃された更級郷開拓団の最後は、戦争の冷酷さ、戦禍のいたましさを改めて覚えさせる。避難行動の途中、高社郷開拓団に立ち寄った更級郷の正村秀二郎団長は、万金山にとどまろうとする高社郷に「生きのびよう」と避難をうながした。その更級郷が佐渡開拓団跡で正村団長以下小学生までが「死して皇国を守る」と叫び、ソ連軍の銃火のなかに消えていったのだ。

更級郷開拓団三百八十七人が東安省宝清県尖山の開拓団をあとに避難行動を開始したのは、ソ連軍参戦の翌々日の二十年八月十日午前零時だった。旧更級郡二町二十七カ村から十五年二月十一日入植。高社郷と同じ日の入植だったが、尖山は、宝清街から三十キロ、万金山から二十キロも奥の無人の原野。水の枯れた古井戸ひとつがいつのころか人が住んだことを示していただけ。匪賊《ひ》とオオカミの地だった。わずかの満警遊撃隊に守られた開拓の仕事。水がなく雪をとかして飲んだ。春になると大地がとけて一面湿地帯と変わり団本部が湿地に孤立した。そんな苦労も「王道楽土」建設のためと耐え、ようやくつくりあげた二万八千ヘクタールの尖山開拓地。そこを離れる老人と兵役を免除された人、婦人、子どもだけの避難団は、涙顔で何回も何回も振り返った。「いつの日帰れるだろうか――」と万感を胸にした一行の足どりは重かった。

砲火におののく

避難をつづける更級郡の最初の目的地宝清街は、ソ連機の爆撃で黒煙におおわれていた。万金山高社郷とともに立ち寄った宝清の西山三九三部隊には数十人の兵隊がいただけ。「安心してほしい」という兵隊の声もうつろ。雨とドロの旅は続いた。戦車のキャタビラの無気味な響き。大地をゆるがす砲火。おののく人びとの口に出るのは「関東軍は」「皇軍の足どりは」だった。しかし、たのみの〝皇軍〟は次々と橋を爆破しどこかへ移動してしまった。三日目けわしい完達山脈にかかった。白樺林に捨てられていた数人の宝清県立病院の患者を助ける余裕もなかった。山中で出発のときの配給食糧で〝別れの宴〟を開き、団神社の御身体と物故者の位牌《いはい》を焼く。身軽にするためだった。

苦しい放浪がつづく。雨とドロでくつが破れ、はだしが目立つ。その苦しさに子どもも親も泣いた。ついに発狂し、「つけ物をする」と石を抱いて馬に揺られる老婆がいたましかった。七日目東安省勃利県へ。目ざす勃利街はソ連軍の攻撃にさらされ、先行の避難の群れが逆もどりしてきた。しかたなく大東開拓団跡に避難した。更級郷は、そこで全員自決の決意をかためた。しかし、思いなおして勃利をあきらめ依蘭に向けて出発した。一本の綱で倭肯河を渡り、山中をさまよい十日目の十九日朝着いたのが佐渡開拓団跡だった。

武装していた開拓地。敗戦後はここでも目をおおう惨劇がくりかえされた

佐渡開拓団跡はその日の正午すぎ出発。避難群は、埴科郷、高社郷、南信濃郷、阿智郷も加わって三千人にも達していた。各開拓団幹部が協議した結果、再び勃利に向かった。途中、鹿島台開拓団跡では土匪の攻撃を受けひとりがゆくえ不明、ひとりが重傷を負った。そして逃げまどった末に到着したのが再び佐渡開拓団跡だった。「馬賊にでもなろう」と進退きわまった更級郷は、正村団長以下うつろな決意に気をまぎらせて、いく日ぶりかの屋根の下の生活を味わった。その間にもいくつかの避難の列が過ぎ、「日本は、まけたそうだ」と告げていった。だれも信じなかった。二十五日朝、佐渡跡でもわずか離れたところにいた高社郷の国民学校の女教師島津けさえさんが更級郷の塚田浅江先生（現在更埴市杭瀬下在住）に「ひと足お先に。さようなら」と言って帰っていった。塚田先生も「わたしもやがては」と考えながら高津さんを見送った。午後一時ごろ、高社郷の宿舎から銃声が起こり、つづいて黒煙がのぼった。自決した人たちの火葬だった。更級郷では、みな黙とうし

た。しかし、合わせたその手もわが身の運命を思ってか、ふるえていた。

折りかさなる死体

しかし二十七日、夜明けとともにソ連軍が佐渡開拓団跡を包囲し、攻撃をはじめた。二十二日夕方近くの麦畑に不時着したソ連機を焼き打ちしたことに対する報復だったのか、日本軍とまちがえたのか。四方を取り囲んだソ連軍は、信号弾を合図に機関銃、小銃、迫撃砲で一斉射撃を浴びせてきた。正村団長の指揮で百人たらずが土壁のかげに走って戦闘配置についた。小銃を手にした青年学校生徒たち。木を削ったヤリを手にした小学生も北沢校長に従っていった。幼い顔がひきつっていた。あまりにも悲惨な光景だった。一方、年老いた婦人、子どもたちは馬小屋に隠れた。北沢ゆきさん（四二）＝篠ノ井市山崎＝もそのなかのひとりだった。ひとつの小屋に五十人ぐらい。身を寄せ合ってふるえていた。あまりの恐怖心がことばをうばってしまったのか赤子でさえ声をあげなかった。ソ連軍は、馬小屋ひとつひとつをめがけて迫撃砲を打ち込んできた。ドドッとくずれる屋根。もうもうと舞い上がる砂ぼこり。それがおさまったあとには死体が折り重なっていた。

帰国、四人だけ

どのくらい時間がすぎたのか、東門のあたりから叫び声があがり、銃声のなかに消えていった。「いまが最後」とみた正村団長が小学校五年生以下の戦闘員をひきいてソ連軍に突撃を敢行し、果てたのだった。やがて銃声がやんだ。どっとソ連軍が土壁内になだれ込んできた。抵抗する者は、手りゅう弾で殺された。自分の手で赤子の首をしめ、カマで首を切る母親もあった。半狂乱だった。北沢さんの小屋にもソ連軍がやってきた。突然「テイコウシマスカ」と声がして将校らしいひとりがピストルを突きつけてきた。北沢さんは「しない」と答えると母親といっしょに外に連れ出された。同じように連れ出された人はわずか三十人ほどだった。父親は、土壁のそばで血を流して死んでいた。戦闘に出ていた弟ひとり、妹ふたりは生死がわからなかった。そこから北沢さんは勃利の収容所へ――。翌二十一年十月帰国したときは佐渡開拓団跡から生き残った更級郷の人は北沢ゆきさんと塚田浅江さんとふたりの子どもだけだった。

せめて遺骨収集を

四十年八月二十七日更級更北村下氷鉋の正村団長の生家では二十回目の秀二郎氏の命日

を迎えた。妻とみいさん（六五）は「夫は責任感の強い人でした。二十年五月に団員招致に帰ってきたときは、満州よりも内地のほうがあぶないと防空ごうを掘っていってくれました。六月六日お節句をすませ満州に行ったのが最後でした。もう二十年にもなりますねえ」と両眼に涙をためていた。秀二郎氏の葬式は、二十年十二月、海軍で戦死した長男の葬式といっしょにおこなった。それも、終戦となって満州から引き揚げてきた人たちの「佐渡跡で死んだ」という話だけが秀二郎氏の死をたしかめる手がかりだった。秀二郎氏の遺骨は帰っていない。もちろん他の更級郷の団員も同じである。終戦直前の十九年十月、夫が応召したため帰ってきた更級郷警備指導員飯田文一さんの妻潔子さん＝篠ノ井市共和在住＝は「開拓団を出るとき内地のほうが空襲があって大変だと引きとめた隣近所の奥さんたちはみな死んでしまいました。なんとかあの人たちの遺骨収集が、かなわないものでしょうか」と夫文一さんとともに訴えていた。

6　富士見郷

自決覚悟で動かず

ソ連軍がソ満国境を突破し各地の開拓団がドロと土匪《ひ》の満州荒野をさまよっていたころ、富士見村開拓団も、浜江省木蘭県王家屯の入植地に取り残され、物資略奪をねらった暴徒の群れに連日、襲撃を受けていた。それでも富士見村開拓団は、動かなかった。「最悪の場合は全員自決する」との覚悟を決めていたからだ。

八月十五日正午すぎ、団本部から木蘭県公署に入れた電話が日本の無条件降伏を伝えてきた。百三十人近い青壮年を赤紙で失った部落は、女子どもと老人ばかり。絶望からほとんど虚脱状態だった。十四年二月十一日樋口隆次団長（現在諏訪富士見町在住）以下四十人の幹部、先遣隊が結氷した松花江上で入植式をしてから七年。八千五百ヘクタールの地に百五十五戸、八百十八人が入植。前年の十九年は、故郷に合わせて御柱祭をするほどのゆとりも生まれていた。そんな夢は「降伏」の二字であえなく消え去ってしまった。

物資ねらう現地人

翌十六日から情勢は、いっそうけわしくなりソ連軍進駐の情報に木蘭街からの避難者が続々やってきた。富士見村開拓団も学校を閉じ子どもたちは涙で「君が代」をうたい親元に帰した。現地人との貸借関係もいっさい整理した。また、県公安局の命令で、武器は、猟銃、刃物まで馬車に積んで返納した。土匪《ひ》横行のうわさが流れるなかでは耐えがたい命令だった。それでも松花江をソ連艦隊がのぼってくるかもしれないというので陣地をつくった。気やすめにすぎなかったのだが、少しでも心を落ち着けようとのあがきだった。

開拓地で田植えをする団員たち。これも一場の夢となった

団が武器を返したことがわかると、現地人の襲撃が激しくなった。これまで押さえつけられてきた現地人の怒りが、爆発したのだろうが、そのねらいは、物資の略奪が主だった。八月二十一日正午ごろ、五

十人ほどの現地人が、暴徒と化してこん棒、カマなどを持っておそってきた。別に、四十人ほどの現地人が団本部近くの第一農耕所付近にやってきた。これを防ごうと出ていった青少年決死隊員のひとりは、現地人になぐり殺され、他の数人も深手を負った。さらに現地人の暴行をおそれた老婆、婦人五人はその日、団本部で自決した。最初の犠牲だった。

第二の襲撃で死傷者

第二の襲撃は、二十九日の正午ごろだった。二千人の現地人は、小銃、こん棒を手に今度は、団本部近くの学校を取りまいた。団では、二十一日の襲撃があってから各部落の団員を学校、団本部、病院にまとめて避難させていたのだ。カマ、手製のヤリなどを手にし、校門をかためていた青少年決死隊八十人と門を突破しようとする暴徒の乱闘がはじまった。婦人、子どもも学校の窓から石を投げた。団の必死の抵抗にあって襲撃の群れは、物資だけ奪って引き揚げた。しかし、その日も暴徒の手りゅう弾による死者ひとり重軽傷者十数人が出た。やがて木蘭県に現地人の治安維持会ができ富士見村に二十八人の警備員を派遣してきたため、治安も小康状態となった。しかし、そのころ隣の佐久郷は、三千の暴徒におそわれ、七百人ほどが血に染まり、亡霊のような姿で、富士見村開拓団に避難してきた。

満州の秋は、早く、冬がせまっていた。団は越冬を決意した。だが、稲、大豆、トウモロコシ、野菜など食糧は、現地人に奪われ、底をついていた。そんななかで問題となったのは、病人と子どもを身ごもった婦人だった。病人の方はできるだけ手当てをすることにした。しかし、身重の妊産婦は、今度暴徒におそわれれば、犠牲者となることは明らかだった。これに、赤ん坊が生まれてもミルクなどなく栄養失調で死を待つばかりだった。「親のために、団のために……」。諏訪神社分社に許しを得て母親の胎内の生命、生まれて間もない子どもの命を絶った。病院内に地蔵をたて霊をなぐさめ、団の加護を祈った。

決死隊が出て抵抗

炭を焼き、川で魚をとる自給自足の越冬生活が続き、「おたがいに元気で生きぬきましょう」とのあいさつで、二十一年の正月を迎えた。そのころすで

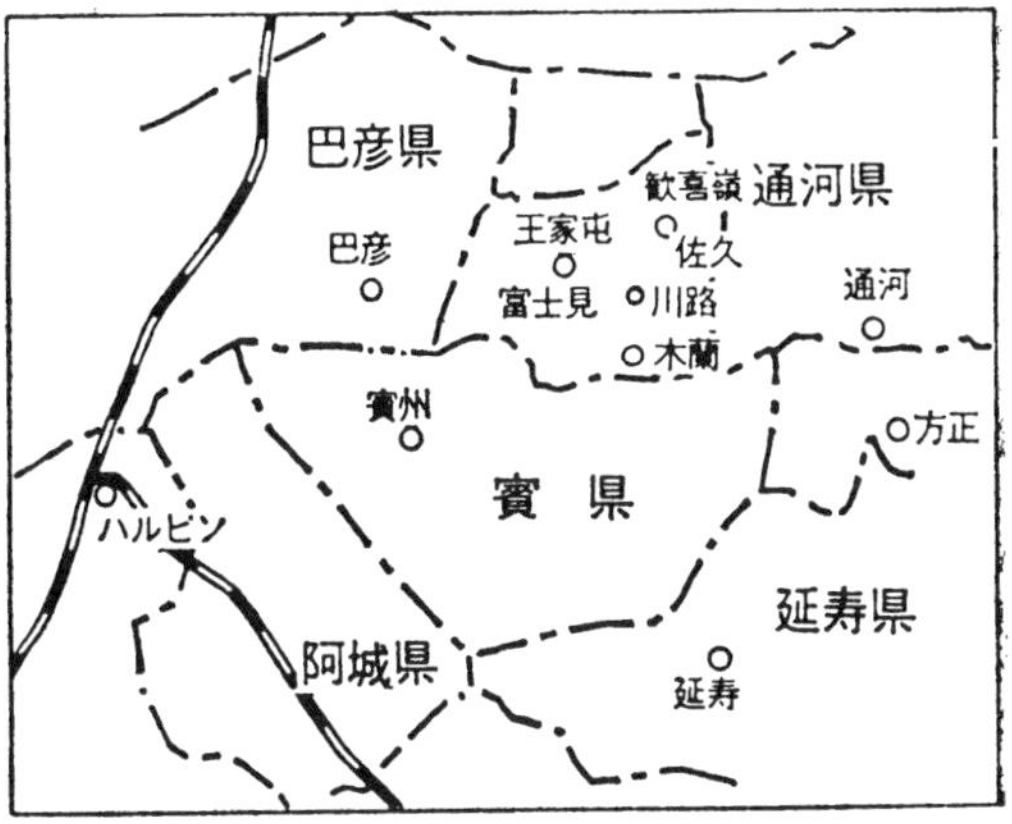

に中国の八路軍が北上、木蘭に迫っていた。それを知り、それまで団を警備していた木蘭警備隊は、団の物資を奪って逃げた。それが、再び、現地人の物欲に火をつけた。正月もすぎた二十一日、何百人もの現地人が略奪にきた。牛馬、農機具、食器類まで、まるで自分の物を持ち出すようだった。だが、武器がない以上、歯ぎしりをかんでいただけ。かえって現地人の発砲で、ひとりが頭を打ちくだかれ、死亡する状態だった。団員たちは、団本部を捨て病院と学校の二カ所にかたまった。二十三日、銃を持った暴徒が再び略奪にきた。だが、彼らが引き揚げるとき、団員の怒りがついに爆発した。応召帰りの団員が持ちかえった手りゅう弾を暴徒にたたきつけてしまった。二、三人の暴徒が吹っとんだ。それが導火線となって二十四日朝、数千の暴徒が押し寄せてきた。手に手に猟銃、山刀、棒、カマを持っていた。

暴徒は三百五十人余りのたてこもる病院を取りまきはじめた。配置からして学校をけん制しながら病院の物資を奪う作戦のようだった。学校からは病院の救援に向かうことができなかった。窮地に陥った病院から、突如白だすきの決死隊十四人が撃って出た。同時にもう一隊二十人が暴徒に向かって突進した。入りみだれての格闘がはじまった。乱闘のなかで決死隊のひとりが暴徒から奪った小銃を乱射した。暴徒の群れはそれにひるんで数個の死体を残して逃げ出した。午前十時半ごろだった。これに対し、団の犠牲も死者三人、重軽傷者十数人にのぼった。

沈痛な空気の中で

その日暴徒は、引き揚げたが、いつおそってくるかわからなかった。八百人の生命をどう守るのか——団幹部は警備対策を話し合った。しかし、武器らしい武器もない状態では名案も出なかった。団をあげて暴徒のなかに突っ込んで果てるか、暴徒のするままに従うか——。沈痛な空気のなかでひとりが突然「木蘭街にきている八路軍に助けを求めよう」と言い出した。相手は中国軍。日本人を守ってくれるだろうか。そんな不安が先に立ってだれも返事をしなかった。しかし、それ以外に手がない。「イチかバチかやってみよう」とついに三人が馬そりをかって決死の覚悟で木蘭の八路軍司令部に向かった。

八路軍に助けられる

翌二十五日、暴徒は再び病院を襲ってきた。向かいの丘をアリのように、いつ果てるともなく連なってやってきた。二百五十台ほどの大車、ソリを持ってきた暴徒は、学校と病院を孤立させながら物資を奪いはじめた。たのみの救援もくる様子がない。病院にも学校にも悲痛な空気がありありとただよっていた。午後一時ごろ、にわかに暴徒が浮き足立ちはじめた。みると「よもや」と思った八路軍の騎馬隊五十騎が救援にやってきたのだ。ふた手にわかれた騎馬隊は、学校、病院の両側からどっと暴徒の群れにおどり込み、機関銃をうちまくった。狂喜してとび出した団員たち。みんなうれし泣きに泣いた。騎馬隊は、暴徒をさらに追って部落まで行き「王家屯の開拓団を襲えば部落を焼き払う」とおどしてきたという。

暴徒の襲撃もおさまり、秩序も平静にもどった。しかし五月になると、八路軍の命令で現地人の家庭に分散生活させられた。そして引き揚げ命令が出てハルビンをたったのは、八月二十九日、故郷の富士見駅におりたったのは十月十九日だった。その時の生還者五百十六人。八十人の幼児が引き揚げ途中、ハシカなどで死亡。百人ほどは応召したままだった。

7　東筑摩郷

終戦四カ月前に受難

北満の開拓団の悲劇は、ほとんどが二十年八月八日のソ連参戦後だったが、それ以前からすでに「終戦間近し」を知った現地人と衝突し、犠牲者を出した開拓団があった。三江省通河県樺木村瑪瑯河東筑摩郷開拓団だ。終戦の年の四月、通河県の満系警察官が県公署に反抗してほう起したが、逃げる途中に東筑摩郷を通過して衝突した。それが東筑摩郷を襲った最初の危機だった。

二十年四月六日午前十一時半、団本部の電話がけたたましく鳴った。受話器にとびこんできたのは「通河街に匪《ひ》賊が来襲し、県公署は放火され延焼中。匪賊は、瑪瑯河方面に行く可能性がじゅうぶんある。ただちに対策を講ぜよ」との県公署副県長の声だった。団は、所貞門団長（現在松本市岡田在住）以下武器を持って警戒体制に入った。つづいて県公署から「通河街の戦闘は終わった。匪賊は瑪瑯河を通って山中に逃げる公算が大きい。団は、匪賊をくいとめ、討伐隊が着くまで交戦せよ」との指令がきた。

所氏によると、匪賊とは通河県公署警務部の満系警察官約七十人だった。ある巡査部長を中心に反乱をおこした。事件の真相は、はっきりしないが、通河県の現地人のなかの有力者たちは八路軍、ソ連軍となにか関係していたらしい。彼らを県警察は「思想犯」として次々と逮捕し、通河街の刑務所にいれた。現地人たちは、はじめはおとなしくかまえて釈放を嘆願していた。しかし、聞き入れられなかった。やがて農耕期をむかえた。だが、働き手は刑務所。こんなことが、導火線となり、相次ぐ思想犯逮捕や道路建設での現地人の酷使などに対するいきどおりに火がつき、一挙に爆発したということのようだ。

点呼に三人返事なし

ほう起した満系巡査の一団は六日午前一時ごろ県公署の兵器庫から軽機関銃、小銃などを奪った。つづいて県公署に火をかけた。さらに刑務所のなかにいる現地人たちを救出し、瑪瑯河を通って山中に逃げのびようと企てたのだ。一団は、東筑摩郷には午後四時ごろやってきた。県公署から奪ったトラックが先頭だ。首領は馬に乗っていた。そのあとに家族を連れ、荷物を大車に積んだ現地人たち三百人がつづいていた。その列は、反乱の徒というよりむしろ避難民の姿だった。東筑摩郷の応戦体制をみた一団は、三百メートルほど前方から軽機関銃で銃撃をしてきた。交戦すること一時間二十分。東筑摩郷は、弾薬三千発を撃ち尽くしてしまった。

その機をとらえて現地人たちは、東筑摩郷を突破し、開拓団第二部落近くの雑草に火をつけて山中に去った。方正県からの討伐隊が到着したのは、日がとっぷり暮れてからだった。その夜、団本部は戦争に加わった四百四十人の団員の点呼をとった。三人の返事がなかった。翌朝さがしたところ死体となっていた。「いまから思うと現地人たちにも同情すべき点があった。あの時だまって逃走する一団を見すごしていたら犠牲者を出さなかったかもしれない」。所氏は、当時をふり返ってこう語る。その後、首領は、とらえられ三江省樺川県佳木斯で処刑されたという話が伝えられた。瑪瑯河付近の情勢もそのころから、ただならないものとなってきた。

現地人なだれ込む

相次ぐ団員の応召。八月八日のソ連参戦。男子総動員。満州の夏は、あわただしくすぎた。そして八月十三日、東筑摩郷にも「ソ連が参戦した。ハルビンに避難せよ」との指令が県公署からきた。東筑摩郷五部落のうち、団本部部落は、通河街に出て、松花江を船で

開拓地は団員たちの手で豊かな畑に生まれかわった。だが、敗戦と同時にこれも捨てねばならなかった

ハルビンに向かった。船が不通となり、残った第一から第四部落の人たちは、瑪瑯河の現地人部落に避難した。しかし、なにごともなかったため、避難した人たちは、間もなく開拓部落にもどった。そこでは終戦を知った現地人たちの動きが不穏だというので、みな団本部にまとまり、一軒に三世帯ずつ入った。八月十八日、団に現地人がやってきた。「国府軍の命令だから武装解除せよ。開拓団の保護は約束する」といった。団は、これを信じるほかなかった。

しかし、その約束は、手のひらを返すように破られた。八月二十八日早朝、六百人近い現地人が団のまわりを取り囲みはじめた。団では、はじめ物とりぐらいと考えていた。だが、昼ごろになると二千人近くになり、手にカマ、棒などを持ち、口ぐちに「男はなぐり殺せ、物はとってしまえ」と叫んでいた。やがてその群れが団のなかになだれ込み、家をこじあけて家財道具を奪いはじめた。

寒さ、飢え、病気…

武井ちよさん（五〇）＝松本市石芝町在住＝一家にも土足の現地人があがり込んできた。武井さんは、十六年秋東筑摩郷先遣隊員の夫武男氏について渡満。夫は応召し、病身に子ども三人をかかえていた。現地人たちはふるえている武井さんたちを尻目に床板まではいで持っていった。現地人たちは、人の命までも奪っていった。応召した所団長の代理をつとめていた上条敏巳氏（東筑摩朝日村出身）は、団本部の手さげ金庫を持って逃げ回っているうちに棒でなぐり殺された。ほかに抵抗した七人も同じように殺された。やがて、荒れ狂った現地人たちは満警の保安隊が来ると引き揚げていった。

団周辺が平穏にもどると、武井さんら全員はソ連軍の命令で通河街に移り、県公署の建物に収容され、冬を越した。寒さと飢えと発しんチフス…。収容所の生活は悲惨だった。「白米を食べたい」――。そんな欲求を満たすために、何人かの若い婦人たちは、ソ連兵の犠牲となった。発しんチフスで毎日死者が出て、死体は、山をつくった。そんな生活に耐えかねた武井さん一家は、ある朝鮮人の手引きで通河街のはずれの朝鮮人の家に引き取られた。武井さんは、そこで朝鮮人のおかみさんとふたりでモチをついて売って歩いた。

「どんなことがあっても帰国したい」との一心で働いた。

愛児を満州に残して

そのため朝鮮人の主人もよく面倒をみてくれた。そんなところへ二十一年夏、次女の美千代ちゃん（当時五歳）をほしいという満人があらわれた。美千代ちゃんは、いやがって泣いた。だが、武井さんは「大勢で朝鮮人の家にせわになっているのも気まずいし、内地に帰るときは、つれて帰れる」と、簡単に考え、美千代ちゃんを満人の家にあずけた。やがて帰国命令が出た。武井さんは、美千代ちゃんを引き取りにいった。だが、美千代ちゃんはただ泣いていただけ。「帰る」とも「帰らない」とも言わなかった。武井さんは、無理につれて帰ることも考えた。だが「日本人が抵抗するとなにをされるかわからない」、「内地に帰って生活できるか」。そんな恐怖心も働いた。「つれて帰るか帰るまいか」—あれ、これと考えが頭のなかをうずまいた。気がもうろうとして冷静な判断もできなかった。とうとう美千代ちゃんひとりを、満人の家に残したまま引き揚げてきてしまった。

二十一年十月、故郷の土を踏んだ武井さんはわれに返った。「美千代をどうしてつれてこなかったのか」—、毎日悔やんだ。おくれて引き揚げてきた夫は「自分にも責任がある。

仕方がない」と言っただけだった。そんなことばは、武井さんの胸をますますしめつけた。二十二年ごろから、美千代ちゃんをあずけた家に手紙を出した。所番地が不明で手紙はそのつど帰ってきた。県社会部にも頼んで満州からの引き揚げ者などあらゆる手づるをたどって消息を調べた。だが、まったく手がかりはつかめていない。「通河の町に行けばあそこの家にいるとわかるのですが…」と武井さんはいう。だが、日中国交が回復していない今ではその願いもかなえることはできない。「今でも夢にみるのはわかれるときの美千代の泣き顔です。元気でいればもう二十五歳。結婚して子どもが生まれているかもしれません。せめて丈夫でいるということだけでもわからないものでしょうか」。武井さんは悲痛に訴えている。

8　上高井郷

突然、不吉な連絡

昭和二十年八月九日。満州東安省宝清県珠山の空は晴れ渡り、一点の雲もなかった。この抜けるような青空を高く横切って、銀色の翼をつらねて飛行機が、何回となく南下していった。久しぶりに見る飛行機だった。この飛行機を目で追いながら、上高井郷の人たちは「これだけの飛行機がまだあるのだから――」と〝皇軍の力〟を信じていたのである。だが、この飛行機はソ連軍のものだったのだ。ハルビンを、長春を、瀋陽を攻撃するために、南下していった敵機であることも知らず、上高井郷の人たちは、勝利の日を信じ、実りの秋に大きな期待を寄せていたのである。この夢が打ちくだかれたのは、各家庭が夕食をとりはじめようとしていた、その日の午後七時すぎだった。団本部から十二キロ離れた竜東《りうとう》橋《きょう》の上高井郷連絡所詰めの団員が「ソ連参戦、宝清に避難すべし」という連絡を持って、かけつけてきたのである。つい数分前まで、明るい空気につつまれていた団本部は、突然の不吉な連絡にことばもなかった。昼間見た銀翼が、ソ連のものであることを知ったのもこの時だった。

永井正雄団長（元県議・須坂市小山在住）は、若い団員に命じおよそ四キロ離れた第一、第三部落（第二部落は入植者はなかった）に緊急事態を告げる一方、非常呼集のサイレンを鳴らした。地平線に傾きかけた太陽が、開拓村を染めていた。そのなかを、サイレンの音は無気味に鳴り渡った。「身まわり品だけを持って、団本部に集合せよ」という命令を、半信半疑で受けとめる開拓農民は多かった。夕暮れのせまる九時すぎ、それでもわずかばかりの食料を手に、団員たちは続々団本部に集合してきた。団本部前の庭では、書類を焼く炎が団幹部の悲痛な顔を照らし出していた。全員でわずかばかりの酒をくみかわし、第二の故郷を捨てて「死出の旅」に出発したのは、十日午前二時すぎだった。

実りの秋も一場の夢

珠山上高井郷の人が、母村の繁栄と豊かな農業経営を夢みて、海を渡ったのは昭和十七年二月二十三日だった。もちろん北満の地に骨を埋める覚悟だった。上高井郷の入植地、宝清県珠山は、見渡すかぎりの荒野だった。当時入植した多くの開拓団は、現地人の農耕地を「買収」の名目で、なかば強制的に取りあげていたのであるが、上高井郷の入植地は、まったくの「処女地」だったのである。零下三十五度。吹き荒れる寒風のなかで、まず明日からの住宅づくりからはじめなければならなかった。団本部に決めた場所からおよそ三十キロのところに疎林があった。入植のその日から丸太を切り出す作業がはじめられた。丸太を組み合わせて、枯れ草を屋根がわりにふいた粗末な小屋ができあがった。日本では想像もできない苦労の連続だった。だが、開拓民の顔は底ぬけに明るかった。二万五千ヘクタールの土地が、すべて上高井郷のものになるはずだったからだ。地下一メートルも凍

乳とミツがあふれる理想郷も、残虐な仕打ちで一瞬にして壊滅した

りついていた〝凍土〟も春風にとけ、福寿草が咲き乱れた。五月である。待ちこがれたように開拓農民たちは荒野に開拓のクワをおろした。内地から大事に持ってきた野菜のタネを、祈るような気持ちでまきつけた。ジャガイモ、大豆、トウモロコシ。切り開くあとからタネは大地におろされていった。

実りの秋は豊かであった。住宅もできあがった。日本から家族が次々に呼び寄せられた。生活の明るい見通しがついたからである。昭和二十年。上高井郷の農地は畑三百ヘクタール、水田七十ヘクタールまで広がった。母村から導入したヤギも五十頭。ミツバチも飼った。「乳とミツのあふれる里」を、北満に築くためだった。だが、こうした理想郷づくりの夢も、急を告げる戦局のため、くずれていった。女、こどもを含めて二百人の団員のうち、四十六人の男たちが「赤紙」によって村を離れていった。人手不足を補うため、報国農場隊員百人が上高井郷に送り込まれたのは二十年の四月だった。

無抵抗が死を救う

八月十日午前二時、住みなれた第二の故郷珠山を後に、宝清へ向けてこの避難行動がおこされた。出発前、若い報国農場隊員に、小さなこどもたちを割り当てた。若い百人の隊員がどれほど上高井郷の避難行動を助けたか、はかりしれない。十日午後、宝石開拓団跡に着く。めざす宝清の町がソ連機による空襲を受け、黒煙をあげている。避難目標を勃利に変更する。夕方から降り出した雨で、道路はひざまで沈むドロの海に変わる。苦難の連続だった。何時間歩いたのか、何日歩いたのか、疲労と心労のためわからなかった。ドロにまみれて、こどもを産みおとし、そのまま避難の隊列に加わらなければならなかった若い母親。ドロに足をとられ、そのまま立ちあがることのできない老人。まさに地獄図だった。

ただ救いは、敵の攻撃を受けなかったことだ。十六日、七台河を通過中、突然反乱軍の機銃掃射を受ける。血気にはやる青年や、途中から合流した敗走する関東軍の一部軍人が、これに応戦した。「戦えば敗れる」。永井団長をはじめ団幹部は応戦を阻止する。白旗をかかげた団幹部は、部落通過を反乱軍に交渉する。数十分の問答の末、避難民の〝武装解除〟を条件に、部落の通過を許される。無抵抗主義が死から救ってくれたのだ。しかしこの混乱で、四十人あまりの団員はゆくえ不明になった。襲撃。無抵抗主義。和平工作。無抵抗主義は何度か団員の危機を救ってくれた。

虫けらのような命

避難目標はいつか、林口県の林口に変わっていた。林口をめざしての完達山中の放浪が二十日からはじまった。星と太陽を目じるしにただ南下した。二十三日までつづいた。完達山嶺に入った二十日に戦いに敗れたことを知った。しかし、何の感情もわかなかった。ただ、腹いっぱい食いたい。思う存分眠りたい。あるものは動物本能だけだったという。二十四日、目標の林口にたどり着いた。

林口、牡丹江、ハルビン、長春、瀋陽。収容所の生活は転々と変わった。ドロと襲撃と強行軍のなかで、生きながらえた命も、収容所生活でバタバタと倒れていった。栄養失調。発しんチフス。赤痢。望郷の思いにかられながら死んでいった。「死に水」も満足にない状態のなかで、虫けらのように命を落としていった。入植者三百二人。帰国者はわずか九十二人。二百三人が、満州各地で望郷の念やるかたなく果てたのである。

9　佐久郷

祖国の勝利を信じて

浜江省木蘭県観喜嶺で、王道楽土の建設を夢にみて、満州の地に第二の故郷を築いていた佐久郷開拓団が、日本敗戦の知らせを受けたのは、二十年八月十六日の午後だった。九日には、木蘭県の警務課からソ連参戦の連絡を受け、そして、十日には関東軍の「防衛動員」。俗にいう根こそぎ動員が、平和だった開拓村をおそっていたのだが、開拓農民たちはそれほどの緊迫感を感じてはいなかった。警務課からは、ソ連参戦の連絡はあったが、避難命令については一言もふれていなかったからだ。それに、軍閥が声をからして叫んでいた祖国の勝利を、開拓民たちも固く信じていたことが、動揺を少なくした。しかし、松花江をさかのぼるソ連江上艦隊の砲声は、観喜嶺の上空にまでひびき、開拓民に一まつの不安をあたえたことは事実だった。

だが、祖国の敗戦だけは、だれもが夢にも考えていなかった。十六日の午後だった。緊急団員総会が招集された。団本部から三十五キロほど離れた木蘭から帰ったばかりの、草間為太団長（二十年九月五日、土匪《ひ》の襲撃で死亡）が、青ざめた顔いろで団員の前に姿をみせた。「日本は戦いに敗れた。私は木蘭で天皇の終戦のおことばをラジオで聞いた。耐えがたきを耐え、忍びがたきを忍べとのおことばだった」。沈痛な団長のことばが、国民学校の講堂を流れた。声にならない声が会場を覆った。泣き伏す婦人、放心状態の老人、……突然のできごとに、すべての人は身の処し方を失った。「避難の命令もわれわれにはない。ここで越冬することになろう」――今後の方針が幹部の間で検討された。現地人の反乱にそなえ、生命を守るために、団本部への全員集結が決まった。それは開拓の歴史を閉じる日であった。

〝きて良かった〟が…

昭和十六年五月八日。南佐久郡内十カ町村から豊かな農業経営を夢みて〝勇躍〟満州に渡った人たちは、百三十四戸、五百四十三人だった。故郷の財産をすべて処分し、まだ見たことのない異郷への出発は、かなりの勇気が必要だったし不安も大きかった。しかし、見渡すかぎりの土地は開拓民のものになることを約束してくれたし、豊かな地味は、肥料なしでもみごとな実りを見せることを送り出した関係者は力説した。日本にいても貧しい生活。だからこそ、開拓民たちは一まつの不安を抱きながらも、浅間山の見える故郷をあとにしたのである。

入植地木蘭県観喜嶺の自然は、すばらしかった。春と初夏がいっしょにやってくる北満の五月。故郷の野辺山高原とおもむきは似ていたが、規模は大ちがい。天を耕す、故郷の集約農業は、過去のものだった。すべてが大まかだった。そしてのどかだった。かかえられないほど大きくなるカボチャ。稲も重く穂くびをたれ黄金色に波打つ。満州にきて良かった。だれもがしみじみと思った。夜、昼ない敵機の空襲に家を焼かれ、肉親をうばわれていた内地のニュースは、北満の地にもとどいたが、自分のものとしての実感はわかなかった。食料はもちろん、内地では家庭からすっかり姿を消した砂糖が、いくらでもあるという生活だった。戦争は、まったく他人事で、十九年の終わりごろまでは、平和そのものだった。

見渡すかぎりの沃野は、豊かな生活を約束してくれた。しかしその沃野は敗戦とともに墓場にかわった

偽装部隊編成に召集令

しかし、関東軍の南方方面の転戦が激しくなり、偽装部隊編成のための召集令が出され、二十年はじめから、佐久郷の男たちは、クワを銃に持ちかえて村から姿を消していったのである。足りない男手を救うために、郷里から報国農場隊員が迎えられた。二十年四月だった。元気な若者をむかえ、開拓村は、再びよみがえった。しかし、その生活もわずか四カ月足らずだった。突然の祖国敗北の知らせに、開拓村は大混乱におちいった。

敗戦。暴徒から身を守るため本部集結。この方針は、本部部落を中心に点在する九つの部落に、早馬で知らされた。二十一日。佐久郷からおよそ十二キロ離れた富士見郷が、正午すぎから暴徒の襲撃を受けている――という連絡が入った。つづいて佐久郷をねらう気配もじゅうぶんあることも、つけ加えられた。不安と動揺はさらに大きなものになった。本部集結を終わらない部落に対し、二十二日までに集結するよう、再び指令がとんだ。このころ、本部の国民学校には木蘭の町から避難してきた一般邦人が二百人余りもいた。

肉親の前で殺りく

九月五日午前九時すぎだった。本部の近くに広がる大豆畑のなかから、突然三百人余りの暴徒が蜂起したのである。手には木槍、草刈りガマを持っておそってきた。品物ほしさの攻撃だった。団幹部は無用の混乱を避けるため、暴徒の〝頭目〟と交渉をはじめた。暴徒は、衣料倉庫の明け渡しを要求した。命を守るためにやむを得ないことだった。倉庫の明け渡しを認めたのである。しかし、倉庫のなかはすでにからっぽだった。敗戦直後、現地人がつくった警備隊員が引き揚げの際、すべての品物を持ち去っていたのだ。武装解除された開拓団を守ってくれた現地人の警備隊員もいなく、暴徒の求める品物もなかった。これが暴徒の怒りに油をそそいだ。幹部の宿舎、個人の宿舎が次々におそわれた。石を投げ込み、大ガマをふりまわし、木槍を突き刺し佐久郷の人たちをおそったのである。襲撃する暴徒の数は、時間を追うごとにふえていった。三千人にのぼった。二回目の攻撃は、十一時ごろからはじまった。国民学校には、報国農場隊員をはじめ、襲撃をさけた女、子どもたちであふれていた。そこへ攻撃をかけたのである。草間団長は、この襲撃で倒れた。この時、四、五百メートル離れた本部周辺でも惨劇はつづけられた。千人を超える暴徒に取り囲まれ、肉親の目の前でなぐり殺される人が続出した。攻撃はこの日、五回にわたっておこなわれた。死んだ人は五十七人にのぼった。

干し草の中で死ぬ

夕暮れがせまるころ、住みなれた観喜嶺の第二の故郷を捨てて、富士見郷に避難することが決まった。血に染まり、亡霊のような避難民の群れだった。団員は、すでに四百六十人に減っていた。

たどり着いた富士見郷には、四百六十人すべてを収容する能力はなかった。ここで、佐久郷は、二手にわかれ、二百五十人は、富士見郷からおよそ十キロの地点に入植していた老石房川路村に避難した。すべてのものを暴徒に奪われ、重傷を負った人を多くかかえた佐久郷の難民は、この世のものではなかった。佐久郷の人たちを受け入れてくれた二つの開拓団は、決して温かいものではなかったという。みんなの気がすさみ、他人のめんどうをみる余裕もなかったのだろう。老石房川路村に入った二百五十人は、宿舎として倉庫をあたえられた。ふとんはおろか、衣類もなかった。越冬が大きな不安だった。ふとんのかわりは、干し草で、ここでも死に直面した。

野菜冷蔵庫を墓場に

十一月はじめから発しんチフスが流行しだした。干し草のなかで毎日死んでいった。多い日には七人も死んだ。飢えと寒さは骨身にこたえた。死んだ人の衣類は息をひきとった〝どたん〟にはぎとったほどだった。生命ある人を守るためには仕方なかった。干し草のなかに埋もれたまま、息を引きとっていった人、人……。川路村の場合、川路の人を含めて二百八十人が、野菜貯蔵庫を墓場に、埋められた。避難した四百六十人のうち故郷にたどり着いたのはわずか百十八人だった。発しんチフスと栄養失調で異郷で果てたのである。

送り出し五百四十三人、帰国者二百二人。死亡者三百十三人。未帰還者二十六人。長野県社会部の資料は、悲劇の開拓団をこのように記録している。

4

ああ義勇隊

1　悲運背負う義勇隊

十四、五歳の童顔で渡航

高社郷、更級郷など多くの移住開拓団のほかに、県下からは二十八にのぼる義勇隊、義勇開拓隊が北満の地に送り出されていた。義勇隊の主力は、高等小学校を卒業したばかりの十四、五歳のいたいけない少年たちであった。戦後二十年、平和のよみがえった現在のこの年代の少年たちの生活は〝平和と自由〟が満ちあふれている。しかし、二十年前、北満の荒野では、多くの少年たちが、ただ一途に「大東亜共栄圏のいしずえになれ」という国策を信じ込まされ、自由も平和も知らずに、散っていったのである。

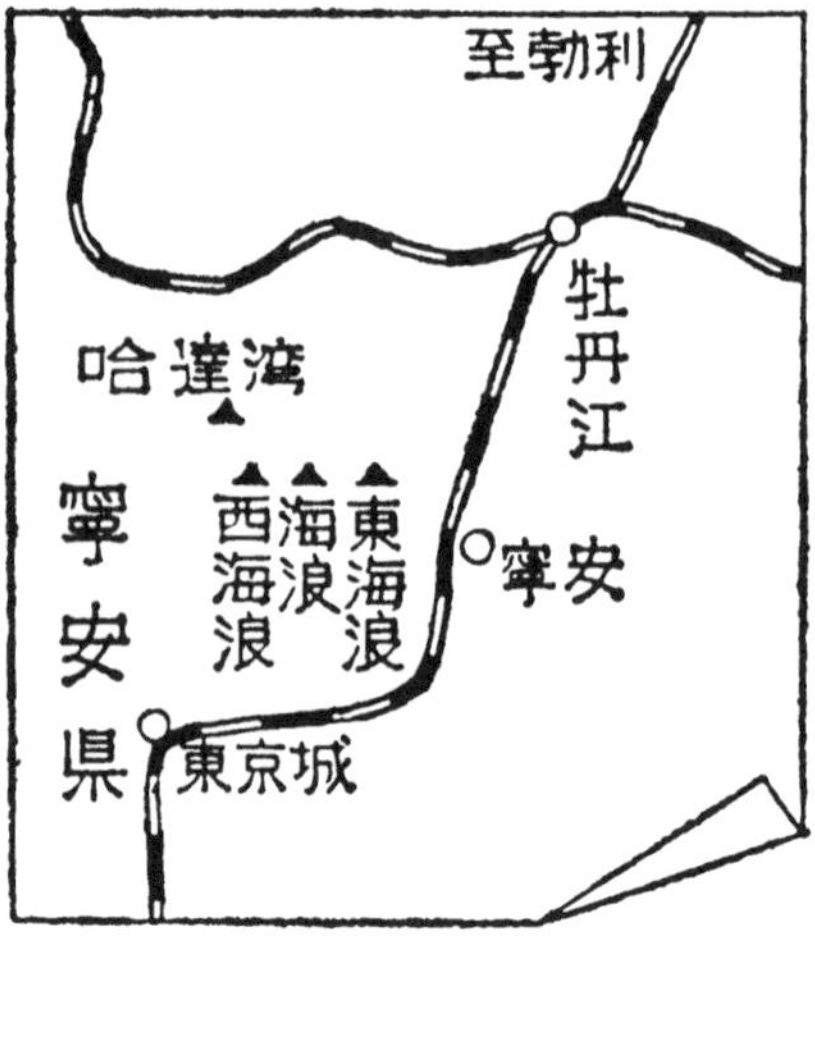

牡丹江省寧安県東海浪に入植していた東海浪義勇隊も、悲劇の義勇隊であった。昭和二十年八月十四日夕方、近くの新安鎮警察署から、ソ連参戦の連絡とともに、開拓団の建物

に火をつけ、明朝（十五日）午前九時までに、海浪開拓団に集合せよ―という命令がきたのである。十日には、十七歳以上、四十五歳までの団員は、凶器になるものと食料を持って部隊に集合せよという〝根こそぎ動員命令〟があり、切迫した空気につつまれた。しかし、このような最悪の事態がこれほど早くやってこようとは、だれもが考えてはいなかったのである。

義勇隊は開拓のほか、国境警備の任務をおびていた。酷寒のなか昼夜の別なく激しい訓練がおこなわれた

東海浪へ約三百人

東海浪義勇隊が、北満の地に骨を埋める覚悟で海を渡ったのは昭和十六年六月であった。南、北佐久郡、東、西筑摩郡、小県郡、松本市、上田市の二市五郡出身の訓練生と、幹部の家族合わせて二百八十九人であった。その年の春、高等小学校などを卒業したばかりの少年たちは、内原の訓練所で「皇国に殉ずる開拓魂」をたたきこまれた。そして第四次の義勇開拓団として出発したのであ

る。この年に入植した義勇隊は、上、下水内郡、上、下高井郡、更埴地区の北尖山北信義勇隊（東安省宝清県）、南、北安曇郡、上、下伊那郡、諏訪郡の西海浪義勇開拓団が県下から送り出された。

北満の地は、すばらしかった。少年たちの多くは農家の出身、しかも二、三男坊だった。それだけに、豊かな農地は、少年たちにも大きな希望をあたえた。十七年。十八年。十九年——。開拓の成果はあがっていった。せまい農地にへばりつく故郷の親たちを、この北満の地に招き、内地とは比較にならない豊かな農業経営をしようというユメも、実現しそうだと希望に満ちていた。そして「紅顔の美少年」たちも、たくましい開拓青年に成長していった。

軍隊にとられ激減

しかし、戦局が急を告げはじめた十九年から、開拓青年たちの姿は、義勇隊から姿を消していった。戦場へ狩り出されていったのである。三百人近い隊員の数は、十九年の末には六十人ほどに減っていた。隊員の激減によって、農作業も思うにまかせない状態になった。このため、二十年六月、郷里安曇平から十五人の勤報隊員をむかえたのである。十四、五歳から十七、八歳までの男女隊員であったこの人たちは、やがて死ぬためだけの勤報隊員になってしまった。

2　おそわれた若い命

しばられ機銃掃射

十四日夕方、脱出の指示を受けた東海浪義勇隊の隊員は、幹部の家族を含めてわずか三十七人だった。およそ八キロほど離れた海浪開拓団に集合するのが命令だった。馬車六台に、食糧とわずかばかりの財産を積んで海浪開拓団に向けて出発したのは、指定の時間をすでに過ぎ、午前九時をかなりまわっていた。海浪開拓団本部に着いたのは午前十一時半近かった。海浪の仲間たちは、建物のほとんどすべてに火を放って避難したあとだった。それでも、郷里安曇平から応援に来た女子勤報隊員らが中心になって昼食の用意がはじめられた。なにかに追われる身をしばらく忘れさせる、のどかなひとときだった。

惨劇の中、九死に一生

そんな時だった。東海浪方面から追撃してきた反乱軍の銃声がひびきわたったのである。およそ六十人の反乱軍だった。東海浪の人たちは、たちまちこの反乱軍に逮捕され、全員が麻なわでしばりあげられてしまったのだ。そして、ただひと棟だけ焼けのこった馬小屋のなかに押し込められる。反乱軍は、馬小屋の二つの入り口に軽機関銃二丁をすえつけた。火を吹く軽機関銃。悲鳴をあげて倒れていく……。惨劇は十数分間で終わっただろうか。幾つもの死体が重なりあっていた。しかし、その死体の下には奇跡的に助かった人たちがいたのである。反乱軍は、全員が死亡したものと思い、その馬小屋前に積んであった干し草に火をつけたのである。重傷にあえぎながら、ある人は自力で脱出。ある人は、仲間の手を借りて、燃えあがる炎の下をぐって逃げ出した。息もつまるむごたらしさだった。生存者の話である。

薬、ヨードチンキだけ

海浪開拓団からおよそ四キロ離れた場所に、哈達湾《はたわん》という部落がある。ここには、秋田県送り出しの雄勝郷開拓団が入植していた。脱出した佐藤元夫氏（小県塩田町在住）は、哈達湾開拓団に救援を求めた。哈達湾からの救援の馬車で助け出された人たちは十三人だった。二十四人の人たちが、軽機関銃の掃射によって即死したのである。秋田雄勝郷開拓団の診療所に収容された東海浪義勇隊の人たちは、肩、胸、腰などに重傷を負っていた。治療の薬は、ヨードチンキだけ。どの顔も苦痛にゆがんでいた。

再びおそわれて自決

十九日早朝だった。団の北側にある小高い丘から、突然迫撃砲が団本部めがけて打ち込まれてきた。再び反乱軍の攻撃がはじまったのだ。雄勝郷およそ二百人の団員も、女といわず、子どもといわず〝銃〟をとり、これに応戦した。しかし「戦況」は、時間を追うごとに不利になっていった。診療所の板の間に伏していた東海浪の生き残りの人たちも、激しさを増す銃声に、自決の意思をかためていった。東海浪の責任者河田茂一氏（下伊那高森町出身・二十年八月十九日自決）も、「生きていれば迷惑をかけるばかり」と自決を決意し、全員がこれに賛成した。安曇野から出た女子勤報隊員七人を含め、団幹部と家族ら十人が、はげしい戦闘のなかで、故郷を思い父母をしのんで果てたのである。夕方だった。

「うら若い娘たちが深い傷に苦しみながら死の道を選んだ。薬をあおった人たちの衣服の乱れを河田氏がなおし、一人一人の顔にサラシをかけ、銃の引きがねをひいた。河田氏は、最後に部屋の中央にすわり、東方を拝して自決した。一発だった」。満拓会社に勤務し、この自決の最後を見とどけた福井市の古賀二郎氏は、このように記している。青春を国策にささげ、北満に果てた青年たちもいっそうあわれであった。

3　義勇隊見殺しの軍命令

寝耳に水のできごと

昭和二十年八月九日午前五時すぎだった。満州東安省密山県揚木崗新立屯の信州総合義勇開拓団本部に、ソ連参戦の連絡がとび込んだのだ。「本日、日ソ間は戦闘状態に入った。ソ連軍は国境を越えて侵入中である。開拓団員は十日分の食料を準備し、軍の命令を待つべし」—国境警備隊「太刀花隊」からの連絡だった。苦しかった開拓生活も、ようやく軌道にのり「これから」というときの〝悲報〟だった。ソ連参戦の連絡は、ただちに全団員に知らされた。国境警備の任務を負わされていた義勇隊だったが、関東軍の高級将校たちからは「ソ連参戦の可能性」については、一言も知らされていなかっただけに、そのおどろきはたとえようがなかった。文字通り寝耳に水のできごとだった。

放り出された義勇隊

「脱出の準備をして軍命令を待て」―という連絡だったが、その後、関東軍からの指示は途絶えたままだった。砲声がとどろき、南下するソ連機の姿におびえながら、団員たちは不安な時間をすごしていた。午後三時をまわっても軍の指示はとどかなかった。団員―といっても大部分は少年だった―の動揺は次第に大きくなっていった。軍の指示を待たずに行動をおこすべきか、どうか。幹部たちはひたいを寄せあつめて協議した。この結果、団員を太刀花隊にさし向け指示を受けることにしたのである。関東軍の答えは冷たいものだった。「太刀花隊は軍の命令によって後退する。開拓関係者は自由行動をとれ」というものだった。無力な開拓団員たちは、国境に放り出されたのである。信州総合義勇開拓団が、愛着の開拓団に別れを告げたのは、九日の夜十時をまわっていた。とりあえずの避難先は、林口県の林口だった。

北辺の守りに立った義勇隊は、軍を信じ純真そのもだったのだが…

燃えていた〝開拓魂〟

信州義勇開拓団が「皇国に殉ずる」開拓魂をたたき込まれて海を渡ったのは、昭和十七年初夏だった。当時、信濃教育会は満州開拓青少年義勇隊の送出に狂ほんしていたのである。昭和十六年十一月、信濃教育会は陸軍の実力者小磯国昭大将を松本市に招き、国策推進のための総会を開く熱の入れ方だった。こうした時代を背景に、昭和十七年の送出義勇隊は四個中隊九百二十八人にのぼった。十四、五歳の少年たちだった。この年海を渡った四個中隊は、南、北佐久、諏訪地区出身の松田中隊（二百三十五人）長野市、上、下水内、更埴地区出身の橋詰中隊（二百二十二人）東、西筑摩、南、北安曇、松本地区出身の久保田中隊（百九十人）の各隊だった。

童顔、たくましく成長

故郷の信州とはくらべものにならない沃野《よく》が少年たちを待っていた。北安省、黒河省、浜江省の各義勇隊訓練所の明け暮れは、厳しい訓練の連続だったが、少年たちのひとみは希望に輝いていた。そして三年間の現地訓練。童顔を残しながらも酷寒と酷暑に耐えた少年たちの姿は、すでにたくましい開拓青年になり切っていた。

築きあげた開拓地

戦局が日一日悪化の方向をたどっていることも知らず、まして敗れることを決して信じなかった少年たちは、二十ヘクタールの大農場経営主になる日を夢みながら、北満の地で勤労の汗を流していたのである。昭和十九年十一月、松田中隊は嫩江に、久保田、橋詰、原の三中隊は、国境警備の任務を負わされて合併、第五次信州義勇隊開拓団として東安省密山県に入植したのである。ソ満国境に接する広野が第二の故郷だった。大型トラクターのひびきは、終日北満の空をゆるがした。二十年の八月上旬には、すでに越冬用の食料の見通しもつき、団の建設も着々とすすんでいた。

4　泥にまみれて逃避行

一転、死の行進

八月九日夜、関東軍に見捨てられた信州義勇開拓団の一行は、闇にまぎれて南下の道をとった。幹部の家族を含め二百八十七人だった。全団員六百三十九人のうち、二百五十九人は関東軍の要請によって、ソ満国境の関東軍の補給所に配属され、また九十一人の団員たちも、開拓団の仕事のため、満州各地に出張中だった。南下するソ連軍の戦車部隊と飛行機の攻撃をさけるため、行動はすべて夜だった。

延々つづく難民の列

十一日から降り出した雨は、避難行動をいっそうみじめなものにした。密山県方面から南下する日本人避難民の群れは、いつか河のような流れとなり、何千人とつづいた。女、子ども、老人ばかりの開拓民。こうした難民に手をかすのも、いつか若い義勇開拓団の役目になっていた。「どうせ殺されるなら、いまここで日本人の手で…」―肩にかけた団員の銃に手をあわせる老人。こどもを捨てて道を急ぐ若い母親。自決する老人。続々隊列から離脱する自決者をかえりみる心のゆとりすらないまま、難民の群れは南をめざした。

身ぶるいする地獄図

避難の目的地はあてどなく、がらり、がらりと変わった。次々目に映る惨劇を前に変えねばならなかったのだ。最初の目的地林口は、いつの間にか牡丹江に変わっていた。怒とうのように押し寄せるソ連軍にすべての道をはばまれたからである。一行は勃利への道をとったのだ。退却した関東軍が、橋という橋を壊したため、行動は思うにまかせなかった。ドロにまみれたままこどもを産みおとし、いえぬ体にムチ打ってすぐ隊列に加わった若い母親たちも何人かあった。身ぶるいする地獄図だった。

ふんまんやるかたなし

いくつかの苦難の道を経て牡丹江に近い海林の町にたどり着いたのは九月一日だった。それより三日ほど前、祖国が戦いに敗れたことを知らされていた。男泣きに泣く若い隊員たち。〝聖戦〟と信じ込まされていた若い開拓士の心の支えはくずれ、はりつめていた力がいっぺんに消しとんだ。そして理不尽な行動をとった関東軍に強い怒りを感じた。軍の陰の力となり、真心込めてつくしてきた義勇隊にとっても、また、憤懣やるかたないあわれな末路だった。

死線、また死線

海林、牡丹江、ハルビン、瀋陽（旧奉天）……こうして収容所の生活は転々と変わった。そして二十年の十一月六日、撫順老虎台の収容所に入ったのである。収容所の生活もこの世のものではなかった。栄養失調、発しんチフス、赤痢でなすすべもなく目の前でバタバタと倒れていった。脱出のなかで生きながらえた命も、ここでまた野原の名もない虫のように消えていった。平和も自由も知らず異郷で果てた青年開拓士もみじめだった。

県社会部厚生課の資料によると、死者は二百十三人にのぼっていた。

5 悲運の開拓史

1　敗戦史のひとこま

初めて日の目をみる

急進的な軍部を中心とする満蒙進出政策、ドロ沼のような農村の不況。こんな背景のなかで、鳴り物入りの宣伝に狩り立てられ、広大な土地にあこがれて満州に渡った開拓団、義勇隊の最後に、これまでいくつかの団を取りあげて紹介してきたとおり、今日まで日の目をみなかった敗戦史の悲惨なひとこまである。

全国一の送出規模

まず、開拓団についてみると、終戦直前までに全国各県から満州に入植した開拓団は七百九十三団、十九万六千八百三十七人にのぼった（満蒙終戦史）。このうち、長野県内から分郡、分村などのかたちで送り出した団は、五十三、県出身者が加わった混成団は十。団員は、三万余人（県社会部調べ）。長野県は、団員にして全国の一五％をしめ、送出規模は、全国で一番。当時、満州開拓のあらしがどんな勢いで吹きまくったか想像できよう。

軍部に利用される

大正二年、福島安正大将（松本市出身）が現在の中国遼寧省大魏家屯に日本から移民をむかえ「愛川村」をつくり、福島将軍に心服した旧稲荷山小学校の今井新重校長が、いったんはつぶれかかった同村を再興したのにさかのぼる。長野県下の満州開拓史はたどれば長い。その満州開拓は、やがて軍部の満州支配の重点策のひとつに使われることになった。昭和四年、ニューヨーク・ウォール街の株相場の大暴落に端を発して世界を吹きまくった大恐慌。軍の一部は、そのあおりで行きづまったわが国の活路を満州に求め、昭和六年の満州事変をおこした。そして、満州支配をより強固とするため満州移民を国策としたのだ。翌七年、満州事変直後で治安が完全でない満州には、全国の在郷軍人で編成した武装移民が送り込まれた。県下からは、第一次弥栄村（三江省樺川県永豊鎮）に三十九戸、第二次千振郷（同湖南営）に二十八戸、第三次瑞穂村（北安省綏稜県北大溝）に二十七戸、第四次哈達河長野区（東安省鶏寧県哈達河）に四十九戸、第四次城子河村（吉林省舒蘭県開原）に十九戸がそれぞれ入植した。

農村更生のためにも

全国に先がけ海外移住協会をつくり、信濃教育会が満外移民を教育方針に取り上げた。長野県は満州移民でも、常に他県をリードしていた。満州事変後の治安に見通しが出てくると県独自で開拓団を送り出す動きが出て、県下各地から送出の第五次（十一年）黒台信濃村（東安省密山県黒台）、第六次（十二年）南五道崗長野村（同南五道崗）、第七次（十三年）中和鎮信濃村（浜江省延寿県中和鎮）の誕生となった。その間も生糸価格の暴落で養蚕は大打撃を受け、農村の疲弊《ひへい》は、ますますひどくなり、全国的に農村の経済更生運動がおきた。更生運動は、裏を返せば、満州移民だった。政府は、日中戦争のはじまった十二年から二十年間で百万戸を満州に移住させる計画をたて、その送出を押し付けられた各農村が、満州に二、三男を送り出して分村をつくることで狭い耕地を広くしようとしたのだ。

大日向村が第一号

〝貧困からの脱出〟を全国、全県に先がけて試みたのは、十三年吉林省舒蘭県四家房入植の南佐久大日向村（現佐久町大日向）だった。〝分村第一号〟は、国の手で電波にのり、フィルムになり全国に派手に宣伝された。経済更生運動に血道をあげる全国の農山村からは、次から次へと分村、分郷開拓団が玄海灘を渡った。長野県下からは、十四年富士見村、下伊那郡、千代村、蓼科郷、上久堅村、張家屯信濃村、読書村、泰阜村、川路村が渡満した。翌十五年になると郡単位の送出が相次ぐ。更級郷、高社郷、下水内郷、芙蓉郷などである。この年は、西五道崗長野区、大門村も入植した。翌十六年も八ケ岳郷、黒姫郷、木曽郷、伊那富郷、埴科郷、小県郷、佐久郷、小諸郷が郷土をあとにした。

2　半数が荒野で犠牲

国境警備隊に配属

十六年十二月八日太平洋戦争がはじまった。食糧増産はもちろんだが、ソ連と国境を接する満州北辺の守りをかためるために開拓団が戦時体制の面から強化されたのは当然だった。政府は十七年一月、満州開拓第二期五カ年計画をつくり、二十年間に百万戸送出に乗り出した。落合村、上高井郷、南安曇郷、東筑摩郷、伊南郷、三峰郷、富貴原郷、第二木曽郷が十七年、長野郷、岡谷郷、南信濃郷、北安曇郷、第二埴科郷が十八年にそれぞれ入植した。このほか十二年から十八年にかけ、高山子鉄路自警村、千曲郷、河西郷などいく

国境警備に配属された団員たち。ことあるごとに万歳を叫び、祖国の安泰を祈った

つかの町村、郡を合わせた集合開拓団の渡満があった。特に十六年からは、戦時体制で、都市の企業整備がおこなわれた。続出した転業、廃業者で編成した大陸帰農開拓団が長野、松本、岡谷、飯田など市街地から送出されたことはすでに満州開拓団が、国境警備隊の性格をはっきり持たされたことを示した。最後には国境警備の第一線にいた陸軍部隊に配属された農工開拓団（県内から百十五人送出）まで生まれた。全国では、福島、山形、宮城、栃木、茨城、岐阜、熊本などの〝貧乏県〟を中心に送出が相次ぎ、吉林、東安、三江、北安、浜江など満州東北部のソ満国境に配置された。三日月形に南満の市街地を抱きかかえるような配置である。満州開拓団のねらいは、どこにあったのか、この形をみただけでも明らかだ。

ソ連参戦で悲劇が

二十年八月八日、ソ連参戦。関東軍は、そのころすでに南下しており、残った関東軍もソ連軍の機甲兵団の前に抵抗することもなく四分五裂になった。国境の開拓団は、取り残され、三江、東安、牡丹江の各州では、混乱のなかで消息を絶った開拓団が全国で十団あまりにのぼった。また、東安省など奥地の多くの団は、各県公署などからの連絡で、南満州をめざして避難した。しかし、折りからの雨。たのみの男子団員たちは終戦直後の〝根こそぎ動員〟で老人、婦女子だけ。ある団は、前途に望みを失って集団自決、あるいは、ソ連軍の攻勢で全滅に近い状態となった。

一方、浜江省、吉林省など満鉄の駅に近い各団では、軍部、県公署の役人らに虐待されたことに対する復しゅうと物ほしさなどから現地人の襲撃が相次ぎ、戦死者、手りゅう弾、毒薬などによる自決者が続出した。読書郷のように二部落がほとんど全滅する団まで出た。いずれにしても都市周辺の団は、県公署の指令で、農業用荷馬車などで県公署所在地まで避難。北辺の開拓団はいくつかの団が集結して避難した。避難先は、東北満州が長春、ハルビン、撫順、吉林、瀋陽だった。

死者実に一万五千余

これらの都市に集まった避難民の生活は想像を超えた。二十年の暮れまでの引き揚げの望みをたたれて冬を越したが、手に入る物資といえば居留民会のとぼしい給与品だけ。コウリャン、アワ、ミソ、塩などの現物支給はあったが、その物資は、中国人商人から購入しなければならなかった。しかし、ソ連軍の軍票の乱発、ブローカーの横行などで物価ははねあがり、満足に働けない避難民は、ただ飢えと寒さをこらえているだけだった。そのうえ、冬になり、ハシカ、発しんチフスが流行し、死亡者が続出した。砲火とドロ沼の旅を耐えてきた人たちもここで命を落とした。

やがて夏から秋にかけて引き揚げ命令が出て帰国がはじまった。だが、生きるために、子どもを現地人の家に置いてきた人、現地人の妻となった婦人などが少なくなかった。開拓団家族の引き揚げは、戦後二十年たった今日でもなお続いている。県社会部の調べだと、県内からの送出団員三万余人のうち、生きて帰ってきた人は一万五千余人。死んだ人は、一万五千余人と半数にものぼり、また帰国しない人、ゆくえ不明者などが約五百人もいる。全国では死者二七％、帰還者六二％というから県内の開拓団の犠牲がどんなに大きかったかがわかる。これまでに登場しなかった開拓団のなかにも悲劇の団は、いくつかある。金沙河北安曇は、二百八十五人のうち、百九十二人が死亡している。

野にさらされる遺骨

また、その他の死亡状況は、石碑嶺河野村は九十九人送出のうち七十三人、劉大櫃芙蓉郷は三百九十三人のうち二百二十八人、孫船八ケ岳郷は七百六十五人のうち三百八十五人、薬泉黒姫郷は百七十一人のうち百十五人、南陽伊那富郷は百八十七人のうち百十人、宝泉木曽郷は五百四十人のうち二百七十二人、大古洞は九百四十六人のうち四百三人、小古洞は五百八十人のうち三百四十六人、上久堅村は七百人のうち四百四十五人、張家屯は千百四十九人のうち六百三人、飯田郷は百三十二人のうち百三人、南五道崗長野村は千三百七十二人のうち八百八十七人、小主南安曇郷は百五十八人のうち九十六人、羅圏河大門村は五百九十四人のうち三百三十四人、中和鎮信濃村は千百七人のうち八百九十九人、李花小県は三百七十四人のうち二百五人、永和三峰は二百九十六人のうち百三十三人——などとなっている。そして、これらの犠牲者の遺骨は、ほとんどが旧満州の荒野に眠り、その霊は、今なお、異国の空をさまよっているのである。

3　涙さそう紅顔の義勇隊

〝皇国に殉ずる〟使命感

一般開拓団員が、自決、虐殺、病死と悲劇的な結末をたどったと同じように、満州開拓義勇隊、勤労奉仕隊員たちも、その多くが若い命を北満の荒野に散らしたのである。「皇国に殉ずる」使命感に燃えていた紅顔の少年たちだけにその死はあわれだった。

満州開拓義勇隊。それは名前のように荒野の開拓とソ満国境の警備という二つの使命を背負わされていたのである。童顔の残る十四、五歳の少年たちは、この使命感に酔って続々故郷をあとにした。日の丸のたすきをかけ、クワの柄を肩に、たどり着いた先は、ソ満国境だった。国境線にベルト状に配置することが関東軍のねらいであり当時の国策だったのである。「東洋平和のために」。何というむなしいことばであろうか。外国人の土地を〝買収〟という名目で、なかば強制的に取り上げ、住む家を追った場所にこの美名をかかげて入植していった。そして少年たちを、国境警備の先兵として送り出したのである。昭和十二年だった。

国境警備の武装移民

これより前、関東軍関係者は満州東部の最先端「饒河」に「移民突撃隊」の派遣を熱望していたのである。当時、饒河一帯は「満州事変」後にかなりの匪賊《ひ》が集まり、治安は悪く、このため治安回復と国境警備をかねた武装移民の送り出しが計画されたのである。こうした軍部の要請に対し、加藤寛治氏らが賛成し、国を思う情熱に燃えていた少年たちを送ったのである。「饒河少年隊」と名づけられた十四人の少年たちは、昭和九年饒河に入植したのである。これが軍部の期待どおり、成功したのである。批判力のない少年たちの情熱を巧みにかき立て、侵略の先兵に仕立てたのである。そして昭和十二年、国策として全国的に募集がおこなわれたのだ。この年、海を渡ったのは、長野、山形、宮城、新潟など各県混成の義勇隊で、茨城県内原訓練所で一カ月の訓練をうけた後、満州北安省嫩江県の嫩江訓練所に入所したのである。酷寒のなかですべてが凍りついた十一月だった。

教師らもアジ演説

昭和十三年から、満蒙開拓義勇隊の送出は、活発になり、国策は、県段階までおりて、やがて長野県の場合「県是」となり、強力な送出の体制が整えられたのである。高等小学校卒業直後の青少年を対象とするものだけに、信濃教育会は、その送出に大きな力をかしたのである。義勇隊送出の割りあてに達しなかった高等小学校の校長や関係教師は勤務評定の対象にされ、人事異動で〝とばされる〟対象になるほど厳しかったといわれる。それだけに教壇で「ひら（拓）け満蒙、行け満州へ」のことばが強く叫ばれた。純真な少年たちの胸は、こうした教師たちのアジ演説に燃えたのである。そして祖国に殉ずる覚悟を秘めて故郷をあとにした。

4　青春の喜びもなく

根強い国策にあおられ

十三年、十四年の二年間は、各県混成の義勇隊が、北満に派遣され、昭和十五年、「皇国に殉ぜよ」という教育の効果があらわれ、長野県単独編成の満州義勇隊が海を越えた。小林由作氏を隊長とする小林中隊、宮本幸夫氏を隊長とする宮本中隊の二隊である。小林中隊は二百九十七人、宮本中隊は二百七十九人だった。十四、五歳の少年たちは、根強い国策にあおられ、それぞれ郷里の鎮守の森で武運を祈り、生きて郷里の土を踏まないと悲壮な決意をかためていた。満州浜江省珠河県の一面坡訓練所が、これら少年たちの〝永住の地〟だった。

悲運知らず渡満

翌十六年、第四次の開拓義勇隊としてさらに三隊が海を渡った。南、北佐久郡、東、西筑摩郡、小県郡、松本市、上田市の二市五郡編成の成沢中隊（成沢＝現霜田＝常雄氏・長野市在住）と南、北安曇郡、上、下伊那郡、諏訪郡編成の横川中隊。それに上、下水内郡、上、下高井郡、更埴地区の北村中隊である。この三隊は、勃利訓練所、寧安訓練所で訓練を受けた後、成沢中隊二百八十九人は、牡丹江省寧安県東海浪に入植し、横川中隊は西海浪に、北村中隊は、高社郷、更級郷などの入植地東安省宝清県の奥地、北尖山に〝独立守備隊〟の性格をおびて入植していったのである。このあと、第五次（昭和十七年）には、松田中隊二百三十五人、原中隊二百九十八人、久保田中隊百九十人、橋爪中隊の二百二十二人が派遣されたのである。松田中隊は、北安省嫩江県嫩江の北満の奥地に開拓のクワをおろした。

義勇隊にも死者続出

少年義勇隊は、その後も十九年までつづき、昭和十八年の第六次は、小池中隊（二百六十八人）姉崎中隊（二百三十七人）丸山中隊（二百五十八人）。翌十九年には三江省湯原に両角中隊（二百七十三人）興安南省西科後旗県に斉藤中隊（二百五十一人）東安省密山県に屯所中隊（百八十五人）が入植したのである。「饒河少年隊」に端を発し、重大な国策となった少年義勇隊は、長野県下にも、あらしのように吹きまくり、二十八隊が送り出されたのである。ソ連との開戦、それにつづく敗戦による悲劇は、一般開拓団と同じであった。送り出し総数五千四百余人、帰国者三千九百余人、死者は、実に一千四百余人にのぼった。青春の喜びも、平和も、自由も知らずに北満で果てた少年たちは、あわれだった。

ひとにぎりの人間におどらされ、異国の人たちに死の苦しみをあたえ、そして自分自身も、あるいは異郷に果て、あるいは生死をさまよった少年たちと同じように勤労報国隊員、報団農場隊員として北満に渡った少年たちも多かった。

太平洋戦争、日中戦争の戦局は、極度に悪化。「北辺の守り」にあたっていた関東軍は、南方に中国に転戦していった。この穴埋めのために、開拓地にも根こそぎ動員がかけられ、さらに極度に不足した労働力の不足を、故国にもとめ、勤労報国隊の編成でおぎなったのである。

奉仕の女性もまき添え

祖国日本も、男手の不足から勤労報国隊員たちは、女性が多かった。二十歳まえの若い命を北満の荒野にささげたのである。東安省宝清県の南信濃郷、上高井郷、阿智郷、東索

出発前の勤労奉仕隊員たち。松本四柱神社前にならび無事を祈ったが、帰らない人たちが多かった

倫河埴科郷、密山県の南五道崗、北安省では、北安県の孫船八ケ岳、徳都県の旭日落合、宝泉木曽郷、双竜木曽郷、三江省樺川県の読書村、通河県の飯田郷、上久堅村、浜江省木蘭県の歓喜嶺佐久郷、富士見村、蘭花楢川村、吉林省樺県の金沙河北安曇、奉天省康平県の三台子、錦州省盤山県の南佐久、北安省徳都県の薬泉黒姫の各開拓団に勤労報国隊員たちが入った。半年、あるいは一年間の予定で、応援に向かった人たちだったが、制空権、制海権を失ったため、帰ることができなくな

ってしまった。そして、あの混乱のなかにまき込まれた。全滅した勤報隊も多かった。薬泉黒姫は、十六人全員、飯田郷も十八人全員死亡した。このほか、金沙河北安曇は五十六人中三十五人、宝泉木曽郷は三十八人中三十人、読書村は四十五人中三十八人が、それぞれ青春の尊い命を北満の荒野に散らしたのである。自由も知らず、さらに平和こそかけがえのない貴重なものであることも教えられず死地におもむいた人々はあわれの限りだった。県厚生課の記録によると送出総数六百五十一人、帰国者三百六十六人。残り約二百八十人は〝皇国に殉ずる〟むごたらしい言葉におどらされ、満州の荒野に、つゆと消えたのである。

心から平和を求めて

長野県開拓団の記録は〝悲劇の記録〟である。戦後二十年—今なお北満の荒野に眠る一万五千余の長野県送出者の霊をなぐさめたいと二百万県民のすべてが願っているのである。自決。飢え。病魔。望郷の思いにかられながら果てたこれらの霊は、異国の地で風雨にさらされながら、さまよっているにちがいない。これらの霊を慰めることは生きているものがあらためて平和を誓うことではないだろうか。それに、この同胞の悲劇と同じように、異国の人を苦しみの底に突きおとし、その人たちの平和を奪った過去を謝罪することも必要なのである。「九死に一生」を得た開拓引き揚げ者たちのすべては、心の底から平和をもとめている。イデオロギーを超えて、平和への願いを新たにしているのである。国交の厚いカベがあることを知りながら、人道上の問題として慰霊団の派遣を熱望し、そして、その実現の日に現地でその国の人たちに過去をわびたいと願っているのである。

「悲劇」で平和を訴える――取材記者座談会

二十回目の終戦記念日を前に、限りない世界平和への思いをこめてはじめた企画「この平和への願い」―長野県開拓団の記憶―は終わる。探っていくとあとからあとから出てきた虐殺、自決、病魔、放浪…。誤った戦争の犠牲となった旧満州開拓団の終戦史は、あまりにも悲惨だった。こんな事実がなぜ今日までに、記録となり、明るみに出なかったのだろう―そんな疑念さえわいてきた。そして、遠い満州の荒野で犠牲となった開拓団員の肉親、奇跡的に生還した開拓団員らがいま心から訴えているのは再び旧満州をおとずれ、戦後二十年たった今日なお異郷の空をさまよっている開拓団犠牲者の霊をなぐさめ、骨を拾うことだった。また、同じ戦争の犠牲となった開拓団員を旧軍人と同様に手厚く補償してほしいという切実な要求も出ている。企画を終わるにあたり、取材に当たった記者が集まり開拓団の様子、開拓関係者の願い、取材の裏話などを語り合った。

知られなかった事実

—まずこの企画のねらいあたりからはじめよう。

B：終戦二十年を迎え、痛ましい戦争と平和の尊さを改めて知り、平和な社会をつくるためになにか企画をやろうということになった。長野県戦史をやろう、平和な生活を大きく取りあげ強調しようなどあれこれ話し合っているうちに、満州開拓団の話が出た。

D：ちょっと調べてみると送出規模も犠牲も全国一なのにほとんど今日まで世間に知られていない。開拓団関係者たちに犠牲を声を大にして訴える力が無かったからだ。その人たちの声を取り上げ世間に知らせることが平和を訴える声となり、信州らしい終戦企画になると考えた。

C：アジアの一角には戦禍がおこっているし、新しい角度から戦争にしいたげられた社会の底辺の人たちの悲劇を取り上げることにもつながると思った。

—読者からの反響は…

A：自分で言うのも変だが、たしかに期待していたとおりだった。企画がはじまってからこれまでに手紙、はがきなどが四十通近くもきている。開拓団の資料や写真を送ってきてくれた人もあった。

C：企画がはじまってから数日たって中野市のある開拓団員の父親という人からはがきがきた。筆字の文面は、開拓団は軍事のために犠牲となった。親として長い二十年間、涙をのんでいたが、その真実を発表してもらって心安らかになったという礼状だった。これを読んで、是が非でもよい企画にするぞと決意を新たにした（一同　うなずく）

D：西筑摩南木曽町の最近の引き揚げ一家を取り上げたら、喜寿を祝われた自分とくらべ、気の毒だと、現金二千円を送ってくれた埴科松代町のおばあさんもいたね。

〝やめて〟の訴えも

――事実があまりにも生々しいため、いまさら苦しい思い出をかきたててくれるなという声もあったが――。

A：そう。多くの投書は、事実を書いてもらってうれしい。自分の団も取り上げてほしいといった内容だった。だが、ある保育園の保母さんは、もうやめてくださいと悲痛に訴えてきた。この婦人は満州で夫を軍にとられ、三人の愛児をはしかで失った。引き揚げてきて、再婚し平和な家庭をもっているということだったが、反戦という美名にかくれて、過ぎ去った苦痛をいまさらかきたてなくてもよいというのだ。まったく気がつかないところを指摘されたという感じで思わずいままでなにを書いてきたかもう一度ふり返ってみた。
B：取材先でも同じ話を聞いた。あまりの悲惨さにどうしても読めないというんだ。そういう人はほかにも多いと思う。
C：しかし、この悲惨さに目をつぶるのではなく、戦争を見つめ、再び戦争をおこさないという平和への決意を新たにしなければ…。

想像を絶する悲劇

―ところで、その開拓団をめぐる悲劇は想像を絶しているね。
D：開拓団の犠牲は、大きくわけて三通りあった。ひとつはソ連の参戦を知って避難する途中、土匪、ソ連軍におそわれ戦死、自決したもの。開拓地にとどまっていて現地人に襲撃されたもの。あとひとつは、収容所で栄養失調、チフス、はしかなどで死んだ人たちだ。死んだ数では病死が多いようだ。とにかく収容所では毎日死体をかたづける使役があり、死体置き場は山となったそうだ。あすはわが身かと思いながら仲間の死体を運ぶ気持ちはどんなだったろう。

Ａ：高社郷、中和鎮信濃村、千曲郷などをはじめ各団で続出した集団自決なども取材していてまったく胸をえぐりとられるような気持ちになった。恐怖、つかれなどから絶望状態に陥ったのだろう。半狂乱で、自分の子どもを殺したというある父親はポロポロ涙を流しながら話してくれたが、そうならないほうが不思議なくらいだったにちがいない。

Ｃ：自決者は「死して皇国を守る」といった遺書、死別のことばを残していったという。それにどの団もが最後には自決すればよいと覚悟していたと聞いたが、生命を軽くみてなにかあれば死ぬと教えた当時の教育の恐ろしさをつくづく感じる。

〝侵略〟が怒りかう

―取り上げただけでいくつかの虐殺事件、現地人の暴動があった。原因は、どこにあったのだろう。

Ｂ：生きて帰った開拓団の人たちは、物ほしさだといっていた。それもひとつだろうが、日本の満州進出以来のうらみが根底にあったのではないか。いくら現地人がメーファーズ（あきらめる意味）の思想だといっても、自分の耕した土地、つくった家をいきなり追い出されたとすれば腹を立てないわけがない。

D：満洲開拓公社によるなかば強制的な土地の買い上げ、現地人の強制労働への駆り立てはかなりひどかったという。はじめの武装移民のころ団員たちは現地人から〝屯匪〟といわれたそうだ。昭和八年、三江省＝現黒竜江省＝依蘭県で土地買収にあたっていた関東軍将校ら二十人が現地人のほう起で全滅した土竜山事件など「土地を奪い、武器を奪い、毒殺されるなら一戦しよう」（注・現地人の治安維持会が民間の武器を没収し、天然痘がはやったので強制種痘をした。この種痘を毒と誤解したのではないかという）ということだったようだ。そんな現地人の気持ちもわかる。

B：とにかく〝日本進出〟のしわよせで、現地の民衆を苦しめることになった。日本人が〝八紘一宇〟が正義と思っても、現地の人たちには〝侵略〟だったろう。そして〝にくしみ〟が増大し、殺し合うことになる。

C：観喜領佐久郷などは、県公署の役人が団に避難してきたために暴徒襲撃の巻き添えになったという。また、ある団では、虐殺の原因などいまさら聞いてくれるなと頼まれた。生きて帰ってきた人たちの間によほど複雑な事情があるんじゃないか。

A：ほとんどの団は、正月をいっしょにしたり、病気をみてやったり、仲よくしようとつとめたといっている。親日的な現地人がのちに人民裁判にかけられたと聞いて謝りたい気持ちになったという人もいたね。

引き揚げ後も　みじめ

――満州から命からがら引き揚げてきた人たちは、その後どんな生活をしているのだろう。

B：引き揚げ直後は、家も田畑もなく、みじめな生活を送っていた。お前たちは金もうけのために満州に行ったのではないかと迷惑顔をされたといまになってもうらんでいる人がいる。そんなわけで、とにかくはやく職を見つけなければならないと将来のことも考えずに就職した人が多い。

D：大日向のようにすぐに開拓地に入ったところもある。大日向村は、まとまりがよく成功したが、みんなばらばらになって再開拓の夢も破れ、借金だけが数十万円も残っているという人も多い。

A：満州開拓団の悲劇が表面に出なかったのも、みんないままで生きることに追われ、世間に訴える力がなかったのではないか。この底辺の人たちの声をぜひ世に知ってもらわなければならないと思った。

B：この七月ようやく引き揚げてきた西筑摩郡南木曽町の川原さんは、再就職に苦労していたようだが、早く見つかるといい。奥さんも日本語ができずさみしがっていたが、まわりの人たちも温かい目で見てもらいたい。

資料集めに苦労

――十年ひと昔というから二十年以上も前の話だから資料、写真集めなど苦労はあったろう。

C：そのとおりだ。県厚生課の棚の上にほこりをかぶっていた資料と引き揚げ者たちがまとめたわずかな本をたよりに、まず当時の話を聞ける人たちを探し歩いた。やっと探し当てた人も記憶がはっきりせず、時によってはひとつの事実に一年もの違いがあった。広い満州のことだから一年ぐらい違っても当たり前と冗談をいわれた（笑い）。それはともかく正確なものにするのは大変だった。

D：だが、企画が紙面に載りはじめると開拓団の関係者たちは協力的になった。上高井郷、泰阜村などは電話で取材に出かけることを知らせると役場などに引き揚げ者たちを集めておいてくれた。

B：更級郷の正村団長の遺族、阿智郷の山本慈昭さんら写真をぜひ使ってほしいと送ってきてくれた人も多かった。

Ａ：町役場の中にも人さがしに積極的に協力してくれたところがあったが、はたして思う通りの資料が集まるかどうか心配していただけに心からお礼を言いたいね。

訴え、セキを切って

―読者からおこった反響はさまざまだったが、特に強く感じたものは―。

Ｂ：二つあると思う。ひとつは、現地への慰霊団派遣を強く希望する声。もうひとつは、開拓関係者に対する国の保護がうすいということだ。

Ａ：強く感じたね。二十年間おそらく発言の機会も無かったのだろうが、セキを切ったように訴えられた。

―それでは、まず慰霊団派遣の話からはじめてもらおうか。

Ａ：あれは六月の末ごろだったか。更級郷生き残りの塚田浅江さんから「民間人で組織した開拓団の最後こそ、戦争の持つ悲劇の象徴だ。北満で散った教え子たちの骨を拾い、そして二度とこの悲劇をくり返すまいと現地で誓う日が来るまで死んでも死ねない」という趣旨の投書をもらった。胸を打つものがあった。

Ｃ：この話は今度の企画記事のきっかけになったのだが、開拓関係者は本当に現地での慰霊の日が実現することを願っている。

B：数十人の人たちに会って話を聞いたのだが、だれもが「いつになったら現地へ行けるのか」と話していた。

A：開拓の仲間たちの悲劇的な最後を見ているだけに、この手で線香をあげたいという希望は強いのだね。

D：そのとおりだ。飯山市のある婦人だが、ハルビンの花園国民学校の収容所で、夫が発したチフスに倒れ、四十度近い高熱を出していた。脱出の途中で持っていた衣類を捨てたり、奪われたりして、かけるものも無いというんだね。それで炭俵をかけてやった。死に際にリンゴが食べたいという。一文無しの生活。一個五円のリンゴが買えない。あれほど食べたがっていたリンゴも食べれずに死んだ夫があわれだと婦人は泣き伏した。庭にはリンゴがたわわに実っていた。ハルビンの収容所へリンゴを持って行きたいというのだ。もらい泣きしたよ。

A：下伊那へ行った時も同じような話を聞いた。暴徒に追われて原始林の中を放浪しているとき、老父が倒れた。死に水もとれなかったという。「オレはいいからお前たちは逃げろ」。老父の死に際のひとみが忘れられないと話していた。あの場所は、いまでもはっきり記憶しているという。新聞の力で、何とか現地へ行けるようにしてほしいと訴えていた。

C：収容所での生活は、悲惨だったようだね。死体は防空壕やごみ捨て場につめ込んだという。もちろん弔う心のゆとりは無かったのだ。それだけに、いま平和を手にした人たちは、いまの平和な生活は、望みなかばに倒れた仲間や、無心な幼児たちの犠牲によって得たものだと痛感している。

B：戦争というものは、正常な心理状態ではできないものだが、戦争の混乱に巻き込まれ、妻や愛児、知人たちを天国へ送った悲惨な体験者たちは、心の底から戦争をにくんでいる。

A：あんな体験は、自分たちだけでたくさんだとすべての人は言っていた。主義主張を超えて平和を求めている。

中国の人にわびたい

──中国の人たちにわびたいという声も強かったようだが…。

C：それは強い。強制的に農地を取り上げられ、奥地へ追われた中国人たちの気持ちが、敗戦で開拓地を追われた時、はじめて理解できたという人は多かった。

A：いずれにしても、みじめな立場に立たされたのは、力の弱い農民だったわけだ。長野市の滝沢隆四郎さんは、人間としてあの過去をわびたいと話していた。
C：現地へ行って肉親の霊を弔い、そして中国人たちの過去をわび、平和を誓いたいというのが一致した考えだ。
B：イデオロギーを超えてほとばしり出た平和の願いは感動的だ。平和につながる、現地への慰霊団派遣と、現地へ渡って過去をわびる日を是非実現させたいものだ。

なぜ冷遇されるのか

—まだまだ話題はあるだろうが、次へ進もう。国策として海を渡ったのだが、開拓関係者は冷遇されているようだね。
D：これはひとつの例だが、開拓青年義勇隊の指導員の場合、恩給と退職金にかなりの差別があることだ。義勇隊の幹部は、すべて学校の先生だった。信濃教育会の宣伝で海を渡ったのだが、在満期間は、退職金の対象期間に入らないというのだ。国策ではあったが、法律の根拠がないという理由だ。
A：法律の根拠にもとづいて海を渡ったのではなく、自由意志だという国の考えに反発する声は強い。

C：それはそうだろう。国策だと信じて海を渡った農民が、肉親の命を捨て、全財産を捨てて帰ってみたら、自由意志で行ったのではないかと言われたんではね……。

D：農地報償法ができ、旧地主に補償されている現実を、引き揚げ開拓民は複雑な気持ちでみている。というのは、国策の名で、「二十町歩の地主」になれるといわれ海を渡り、本当に地主になった途端に敗戦。農地解放も国策なら満州開拓も国策ではないか、というんだ。

B：たしかに感情として理解できる。こうした意見が出るのも、国策の名のもとに海を渡った人たちに対する国の手厚い保護がないからだ。

C：たしかに冷たく扱われているが、都会で空襲に遭い家を焼かれ肉親を失った人たちだって、補償はないだろう。これだって矛盾ということになる。

A：差別といえばまだある。県厚生課の久保田さんも指摘していたが、赤紙と赤紙なしの違いはあるが、開拓団は軍人と同じように誤った国策の犠牲者だ。それなのに勲章は開拓団には出ない。

B：たしかにこれはおかしいことだ。こんどの企画で取材してわかったことだが、各開拓団とも関東軍から防衛の指示を受けているのだ。銃を配布され、女、子どもまで実弾の射撃訓練を受けている。更級郷で紹介したように、実際に女、子どもまで戦闘に参加している。

D：高社郷の生き残りの人だが、仲間たちの苦しい生活をみると国をうらみたくなると話していた。この人自身も生活は、ひどく苦しいのだが、自分は誤った国策を信じて、多くの仲間たちを満州に送り出しているので、その罪ほろぼしに、声も立てずに貧乏に耐えているのだと話してくれた。

B：そういう控えめの人にも、もっと光が届く政治がほしいね。（一同うなずく）

派遣を県民運動に

―長野県は、送出規模も犠牲者も全国一だが、県当局は満州関係の〝戦後処理〟にあまり積極的ではなかったようだが…。

A：一応やるだけのことはやっていたようだ。しかし鐘と太鼓で送り出された当時のことを知っている開拓民にしてみれば、満足のいくものではなかったことは事実だろう。

C：当時、満州開拓民送り出しに大きな力のあった県庁拓務課長のポストにすわっていたのは西沢知事だが、現在どういう心境でいるのか、ぜひ聞いてほしいという投書も何通かあったね。

D：投書ばかりでなく電話で直接訴えてきた人もあった。松本市の竹内寿男さんという人は、開拓団、義勇隊の遺族や引き揚げ者に対して、知事は何を考え、どのような具体策を打ち出しているかと切々と訴えてきた。

B：企画記事がはじまってから、松本の竹内さんのような声を、取材先でよく聞かされた。あなた方に口火を切っていただいて、北満で死んだ人もようやく浮かばれるだろう、と非常に感謝された。

A：〝物いわぬ農民の代弁〟。気持ちよく仕事もできたし、張り合いがあった。

C：県民全体の関心を呼び世論も盛り上がってきたね。

D：そうだ。九月十日には山ノ内町議会で「満州慰霊団　派遣」の意見書を満場一致で決議したのをはじめ、高社郷、上高井郷が地元県議の紹介で、九月県会に請願書提出の手続きをとった。

B：開拓引き揚げ者の組織である県開拓自興会の満州開拓者慰霊団派遣の請願にも、県会議員多数が紹介者となるなど、慰霊団派遣は県民運動になりつつあるね。

A：これは県民運動にすべきだと思う。慰霊団を現地へ送り、さびしく死んでいった人たちに郷里の香りを届けたいと願うのは、人情だ。さらに誤った軍閥の国策におどらされ迷惑をかけた中国人たちに謝罪したいと願うのも、真実だ。こうした世論を踏まえて県も国も積極的に慰霊団派遣の問題と取り組むべきだろう。

D：現地慰霊がすむまで戦後は、終わらない――と訴える遺族の気持ちは、本当に気の毒だ。国策の名のもとに海を渡り、かけがいのない肉親多数を失った開拓遺族にしてみれば、国や県がもっと積極的に取り組むべきだと考えるのは当然だ。

C：そのとおりだ。(一同うなずく)

平和こそ最大の供養

――一カ月半以上、連載した「この平和への願い」も、きょうで終わるわけだが…。

B：悲惨な記録の連続だったが、体験者だけにイデオロギーを超えて戦争を憎み、平和を強く訴えていた。

C：旧満州の人たちに、過去をわび、人間として平和を誓いたいという意見も強かった。

A：いずれにしても戦争というものが、平和な家庭生活をぶちこわし、これほどまでに悲惨なものになるということを、あらためて思い知らされた。平和というものはありがたいものだ。

B：満州でさびしく死んでいった人の最大の供養は、生きている人が平和を願うことだ。そして慰霊代表団を一日も早く現地に派遣して、平和を取り戻した祖国の話を、北満に眠る一万五千余の開拓団員に報告したいものだ。

いま『この平和への願い』を読む意味――解説

北陸朝日放送　報道制作局長
黒崎　正己

1. 満蒙開拓団　克明な悲劇の記録

2020年2月、一通のメールをもらった。

「昨年暮れに父を亡くしたのですが、信濃毎日新聞社に勤めておりました。若い記者時代に同僚たちと書いた記事は『この平和への願い』という本として出版されました。長野県の満州開拓団に関する内容です。父が亡くなったことから、どうにかこの本を復刊させたいと、姉と相談しているところです」

差出人は東京都内で大学講師を務める社会学者の宮入恭平さんだった。私が制作したドキュメンタリー番組『言わねばならないこと―新聞人・桐生悠々の警鐘―』が第1回むのたけじ地域・民衆ジャーナリズム賞」の大賞を受賞したのにあわせて2019年7月に東京都内で開かれた上映会で作品を視聴し、寄稿依頼の声をかけてくれたという。長野県とは縁のない北陸の一地方記者に何ができるか見当もつかなかったが、まずは宮入氏の父・郁夫さんらが共同執筆した『この平和への願い—長野県開拓団の記録』(信濃毎日新聞社編)を送ってもらい、一読した。

記録された証言の重さに圧倒された。

更級郷開拓団で教え子の死を目の当たりにした元教員の塚田浅江さん。高社郷開拓団の出発式や入植当時の様子を語る小池茂男さんと武田善文さん。滝沢隆四郎さんは1945年(昭和20)8月9日に開拓団本部事務所で「ソ連参戦、避難命令」の電話を受けた瞬間の心境を語り、敗戦直前に帰国した山本直右衛門さんは現地の中国人からもらった餞別の目録を大切に保管していた。初版は戦後20年にあたる1965年。証言者は現在よりもはるかに多かったとはいえ、過酷な体験を克明に記録した宮入郁夫さんら当時の信濃毎日新聞記者の取材力に感服した。

中でも高社郷開拓団が集団自決に追い込まれた記録を読んでいて、私は憤りを抑えられなかった。日本政府が8月14日にポツダム宣言受諾を通達し、翌15日に玉音放送が流れた以降も悲劇が続いたことだ。山室信一氏の『キメラ—満洲国の肖像　増補版』(中公新書)

によると、日本政府は停戦協定作成のため、連合軍総司令官マッカーサー将軍の本部があったマニラに河辺虎四郎中将らを全権委員として派遣し、8月20日に降伏文書を受領した。その際、総司令部からは、ソ連軍に関しては連合軍の指揮下にはないと通告を受けていたにも関わらず、日本政府は対ソ交渉を現地の関東軍に委ね、ソ連の極東軍総司令官マリノフスキー将軍のもとに全権代表を送らなかった。このため、関東軍を日本政府の公式な代表と認めないソ連の軍事行動が続き、高社郷開拓団は悲劇に追いやられたのである。

8月25日の朝、二人の我が子を殺めた父親の証言には胸が詰まった。

「三歳になる女の子と五歳になる男の子でした。私の肩には、この子供を天国へ送る三八式歩兵銃がかかっていました。馬小屋のなかには顔見知りの何人か、すでにこと切れていた。入り口にふたりの子供を残し、死体に干し草をかけました。とめどなく流れる涙に気がついた五歳の男の子は、不思議そうに私の顔を見つめていました。〝おにいちゃんにだっこしていなさい。いますぐいいところへ行けるから〟。ふたりを干し草の上にすわらせました。後ろから二つの小さな背中に〝照準〟を合せました。そして祈るように二回ヒキガネを引いてしまったのです」

私もかつて戦場で中国人捕虜を殺害した石川県在住の元陸軍兵長の男性を取材したことがある。男性は上官の処刑命令を受けて中国人の青年を銃剣で刺突し、後悔の念を口にしたが、殺害の瞬間については多くを語ろうとはしなかった。しかし戦争の本質は「命を奪い、奪われる」ことである以上ディテールを記録する必要があると考えた私は、失礼を承知で「銃剣をどんな角度で、身体のどこを刺したか」「刺した瞬間の感触は」「その時、捕虜はどんな悲鳴をあげたか、何と叫んだか」といった質問をあえて重ねた経験がある。最愛の我が子二人の命を奪った男性も自分の行為をよどみなく語ったわけではないだろう。取材記者は意を決して質問を重ねたと思う。そして次のように言葉を刻んだ。

自分の手でわが子の命を奪った傷は深い。この父親の心の傷は終生いやされることがないのかも知れない。しかし、この父親の責任は問えないだろう。生か死か。ギリギリの場面においつめられた人間の行動は、平和な時の常識では、理解できない。この父親に、そうさせたのは戦争の罪である。

同書の初版は1965年（昭和40）。「戦争の罪」を問うペンには戦時下を生きた同時代人としての怒りが込められていたはずだ。

2．国家と国民　被害と加害

76年前の戦争で日本という国は国民の命を守らなかった。満蒙開拓団を置き去りにし、ソ連との停戦交渉を放置した。満州だけではない。沖縄は本土決戦までの「捨て石」とされ、軍人が壕から住民を追い出し、米軍の集中砲火「鉄の暴風」にさらした。集団自決に追いやられた住民も多い。国民を「棄民」にした罪は重い。

２０２０年秋に他界した長野県佐久市出身の作家・井出孫六氏は、１９８６年に出版したルポルタージュ作品『終わりなき旅――「中国残留孤児」の歴史と現在』（岩波書店）で、日本という国の本質に疑問を投げかけている。

ヨーロッパの戦史にくわしい友人の言ったことばが耳を離れない。戦争終結にあたって敗戦国が全力をあげて最初にすべきことは、被占領地域における同胞の安全を計ることにある。この敗戦学のイロハは〝国体の護持〟のかげにかくれて放置されてきた。

「残留孤児」問題が四十年をへてなまなましく語られねばならぬことは、国家論の骨格にまでかかわるように思われてならない。

戦争終結時だけではない。井出氏は「中国残留孤児」という言葉への違和感を指摘し、そこに戦後彼ら彼女らを放置し続けたこの国の無関心、無責任を感じ取っている。

テレビや新聞で「中国残留日本人孤児」ということばを見聞きするたびに、わたしはこの呼び方になんともいえないもどかしさと異和感をおぼえる。

あらためて考えてみれば、この呼び方は、ことばの厳密さをいちじるしく欠いている。そのまま読みくだせば、「中国に残り留まった日本人孤児」というわけだが、彼ら彼女らは、敗戦の混乱時、ほとんどが幼児であり、敗戦後の混乱のなかで産み落とされたひとさえもいる。自らの意思で「残り留まった」ひとなどいるわけはなく、さまざまな事情で「置き去」られた人びとであった。

「置き去られ」た個々の事情はそれぞれにちがうけれども、「置き去られ」た状況は日本の敗戦であった以上、置き去った主体は国家だったといってよい。「残留」ということばからは、主体の姿も消し去られているといえぬだろうか。「中国残留日本人孤児」という不自然な呼び名が彼ら彼女らに与えられている背後には、彼ら彼女らを今日まで放置してきた日本人の無関心と政府の無責任が在ったことを示すものに他ならない。

満州への移民計画は当初「試験移民」と名づけられ国会で審議された。しかし、第1次試験移民が出発する頃には所管の拓務省では「自衛移民」という呼称に変化し、関東軍では「武装移民」と呼ばれていた。「満州に行けば10町歩の大地主になれる」と信じ、長野をはじめ全国から27万人が大陸に渡ったのだが、本質はソ連侵攻を防ぐ「武装移民」だったのだ。山室信一氏は前掲の『キメラ』のなかで「国家の盾」として大陸へ送られた満州移民の実相に言及している。

品川区の武蔵小山《むさしこやま》商店街など東京の商工業者が物資欠乏から止《や》むなく商店や工場を閉めて満洲に移ったという事例などもあります。中小企業の整理事業というのは、岸信介らが満洲国から帰って推進した統制経済事業の一環ですが、そうした総動員体制作りのなかで弾《はじ》き出された農業経験のない人々までが数多く満洲に渡りました。さらに、忘れてならないのは、そこに被差別部落の集団移民が含まれていたことです。移民団は日本での絶望から逃れるための新天地を求めて満洲国に渡ったにもかかわらず、そこでも差別を受けて定着できないままに、追われるように次々と開拓地を移っていくしかなかった…。

岸信介（安倍前総理の祖父）ら当時の革新官僚が進めた統制経済が結果的に中小商工業者を移民に追いやったのだ。また国内の差別構造が満州にもそのまま持ち込まれ、山室氏は同じ民族に向けられた差別や蔑視の眼差しは、他民族に対してより冷たく向けられたと指摘している。

そしてもう一つ、日本という国の酷薄さを如実に示す事実がある。1945年（昭和20）3月10日の東京大空襲の被災者までもが移民として敗戦濃厚の満州に送り出されていたのだ。井出氏は「いったい何と理解したらよいだろうか」と愕然としつつ、前掲書で地理学者・飯塚浩二氏の著作『満蒙紀行』の一節を引用している。

彼らの内地での、追いつめられた暮しが思いやられる身なりと荷物。多くは子供連れである。満拓が世話している限り、行く先、落ちつく先（落ち行く先？）があることは確かなのだろうが、とうてい入植者といった雰囲気ではない。難民の、しばし身を寄せ合った姿であり、どこまでも心細気である。風呂敷包みだけで、旅行の支度とはほど遠い感じであることが、この場の違和感を強め、その持主たちを、それこそ風呂敷包み片手といった夜逃げのような姿で、こんな異郷の果てにまで連れて来なくても何とかしてあげようはあったのではなかろうか、といった惻隠の情をいよいよ抑え難いものにするのである。…たまたま佳木斯駅で、線路一つへだてたプラットフォームに降り立つのをこの目でみた、気の毒な一群の人たちに、どういう運命が待っていたろうか。内地で戦災にあい、さらに終戦二カ月前に公的機関の手で北満に移された人々を、よくよく運の悪い人たちだといっただけでは済まされないはずである。

しかし、「戦争の罪」を問うとき、その矛先は国家だけでなく自らにも向いてくる。井出氏が「満蒙開拓」がもつ加害性を指摘している。

「開拓」ということばは、辞書を引かずとも、「山野・荒地を切り開いて耕地や敷地にする」ことの意であることは明らかだが、「満蒙開拓」とは、多くの場合、「現地住民の汗の結晶である既耕地を奪い住居を立ち退かせてそこに住むこと」であったとすれば、「満蒙開拓」ということばそれ自身が、ためにする詐りのことばであったということだろう。

開拓団の入植地については満州拓殖公社が二束三文の買収価格を現地の農民に押しつけ、半ば強制的に立ち退かせていたことが満州国最高検察庁の記録や関東軍参謀辻政信の著作などに記載されている。収奪した広大な農地が「五族協和」の名のもと「開拓団」のために準備されていたことなど日本内地には知らされていなかったとして、井出氏は次のように述べる。

「満州」建国の背後に、どれほど多くの無辜の現地民が犠牲となっていったか、それらの事実をふまえることなしに「満州開拓」を語ると、たしかに疲弊した山村の貧しい生活から解き放たれた「理想郷」に話は傾くし、またそれらの事実をふまえずに敗戦後の「開拓団」の悲惨を語ると、涙のあとに「匪襲」への怨恨が逆に結晶として残ることになる。

戦争には被害と加害の両面があることは冷静におさえておく必要がある。それにしても、である。原爆認定、空襲被害者への補償、戦没者遺骨の回収と、日本という国は戦後76年経ってもあの戦争の問題を抱えたままだ。戦争だけではない。福島第一原発事故から10年経った今も約3万6０００人が福島県内外で避難生活を続けているし、新型コロナウイルスの犠牲者は２０２１年5月17日現在1万１５００人を超え、第４波が拡大している。市民同士が差別や偏見に絡めとられている場合ではない。政府の無策と無責任を問い、実効性のある施策をとらせるべきなのだ。

3. メディアの教訓　桐生悠々と石橋湛山

当時のメディアは満州事変、満蒙開拓移民をどう伝えたのか。ここでは二人の言論人に注目したい。信濃毎日新聞主筆の桐生悠々は１９３３年（昭和8）8月の社説『関東防空大演習を嗤う』で在郷軍人会の政治団体「信州郷軍同志会」の猛反発を招いて信濃毎日を追われ、その後、個人雑誌『他山の石』を発行。1941年（昭和16）に68歳で亡くなるまで軍部の暴走を批判するペンを執り続け、後世「反骨の新聞人」として名を残した。言い添えると私も学生時代に井出孫六氏の『抵抗の新聞人　桐生悠々』（岩波新書）を読み、記者の道を志した一人だ。

悠々は1910年（明治43）から1914年（大正3）まで信濃毎日の主筆を務めた後、名古屋市の新愛知新聞に転じ、1928年（昭和3）に信濃毎日の主筆に復帰した。1931年（昭和6）の満州事変とその後に続く満蒙開拓移民を悠々はどう論じていたのか。長野県立長野図書館に設置された信毎記事データベースで検索した。

1931年（昭6）9月の満州事変に対しては、それまで軍縮を声高に主張していたほとんどの新聞が一転、軍部支持に雪崩をうち、満蒙利権の擁護を書き立てた。悠々も事変発生8日後の社説『撤兵などは以ての外』で、「支那官兵が爆弾を以て満鉄の一部を破壊し」「盛に逆宣伝を試み、甚しきに至りては国際連盟に訴え」日本を窮地に陥らせようとしているのは「暴慢なる態度」だと指弾した。そして「事件の本質を知らずして、強いて我を責めんとする悖理的なる国際連盟を脱退しても、決して差支えなしとするものである」とまで言い切った。

年が明けた1932年（昭和7）元日の社説『年頭の辞　新春特殊の感』で悠々は、私たちの祖先はどこから来たのかと問題提起したうえで、「考古学、人種学、人類学の材料を示して」論陣を張った。

石器時代に於ける彼等の遺物が、朝鮮、シベリア、沿海州、そして満洲や、蒙古方面に存在しているという事実は、私たちに果して何を物語っているのであるか。特に沿海州と朝鮮とに遺っている石器は、尾張熱田の弥生式と比較して見ても、区別し得ないほどに酷似しているという事実を、偶然の酷似として不問に付し得るや否や。ノアの洪水以前にあっては、日本と大陸とが、地続きであったろうことは、推察するに余りある。そして私たちの先住民は、満洲や蒙古から移住して来たものと推察される。こうした本をただせば、満蒙と日本とが一体になり得る可能性もあり、また一体となってこそ、パリー会議にいうところ「民族自決主義」にかなうものであらねばならない。

石器時代の痕跡に大陸移動説まで援用して、日本と満蒙は同じルーツであり一体になるのが民族自決主義にも適うと述べているのだが、この謂《いい》に従えば、すべての国に、考古学・人類学的に共通性を持つ隣国・周辺国への侵略を許すことにならないだろうか。第1次世界大戦（1914―1918）を経て世界の潮流が帝国主義から民族独立主義へと変わりつつあった1932年当時の主張としては無理があったのではないかと思うが…。

悠々が満蒙開拓移民を正面から論じた社説『新満洲に於ける信濃村の創造』はその年の3月19日に掲載された。書き出しからストレートに移民政策に賛意を示す。

大満洲国建国前後に於て、過剰人口に苦しみつつある我が国が、各府県が、目下行き詰まりつつあり、そして将来に於ては、更に行き詰まるだろうと思われる農村の窮境打開策として、早くも、集団的移民をこれに送るべく計画しつつあるのは、時宜を得た政策または措置といわなければならない。否、この移民問題こそは、現在の我が国にとっては、最重要な問題の一つである。我が信州もその例に漏れず、昨今この集団的移民を満洲に送るべく、あすこ此処に計画されつつある。特に我が信州には、組織だった信濃海外協会なるものがあり、率先これを計画しつつあるのは、実に人意を強うするに足りる。

悠々は、一家族20町歩の耕地を所有させて農業を機械化し、共同耕作させるという信濃海外協会の計画を紹介し、「猫額大なるこの小天地に躊躇するものは、畢竟時代錯誤、愚者として笑われ、我が過剰人口はこれと共に解決されなければならない」と移民政策を積極的に評価した。しかし、日本人が移民として入植することで現地の中国人、朝鮮人の生活水準をも向上させるものでなければ「王道楽土」にはならないと注文を付けている。

動物のそれに等しい、生活水準を持つものを、隣人として持つことは、我が民族の恥辱であると共に、これを我に同化せしめて、賃金の騰貴を期待せしめなければ、新満洲は決して楽土とはならず、依然として豚の棲む穢土《えど》であらねばならない。我が民族としての一使命が、ここにあるのを痛感しなければ、満洲への移民は単に我が過剰人口を解決するの手段以外の何物でもなく、そこに人類的、文化的、文明的に、少くとも経済的に何等の意義も、価値もなき移民をでっち上げるに過ぎない。

「動物に等しい生活水準」「豚の棲む穢土」といった蔑視表現は、今読むと辟易するが、それでも悠々が現地の中国人、朝鮮人を無視した移民政策に懸念を表明していたことは確かだろう。悠々は4日後の3月23日にも『満蒙は我が祖先発祥の地』と題した社説で「日本人が満蒙に移住するのは、移住ではなく、復帰であり、故郷に帰るのであって」「懐かしい祖先の故郷へ帰るもの」と主張したが、満蒙開拓移民はすでに見てきたとおり、中国人、朝鮮人が開拓してきた土地を二束三文で収奪することで成り立っていた。悠々の言葉を借りれば、何らの意義も価値もなき移民を「でっち上げた」に過ぎなかったのである。

一方、海外への移民政策を一貫して批判していたのが経済専門週刊誌『東洋経済新報』の主幹、石橋湛山だった。湛山は満洲事変が起きる10年も前の1921年(大正10)に執筆した社説『大日本主義の幻想』(7月30日、8月6日、13日号)で、経済的な見地から海外移民は不要だと主張していた。

一体、海外へ、単に人間を多数に送り、それで日本の経済問題、人口問題を解決しようなどということは、間違いである。人間を多数に送るとすれば、いずれ労働者を送ることになる。しかし、今日の企業組織では、いずれの国へ行こうとも、労働者が受くる所得なるものは知れたものである。大きな儲けを母国のためにするなどということは、とても出来ぬ。大体において、行っておる者が辛うじて食って行くというだけのことである。されば外国にせよ、あるいは我が領土にせよ、海外の土地を我が経済上に利用するには、かくの如き方法によるは愚である。…悪く言うなら、資本と技術と企業脳力とを持って行って、先方の労働を搾取する。もし海外領土を有することに、大いなる経済的利益があるとするなら、その利益の来る所以《ゆえん》は、ただここにある。

湛山はインドを植民地としていたイギリスを例に挙げ、当時の総人口およそ3億人のうち欧州人は20万人足らずでイギリス人はその一部に過ぎないが、イギリスがインドを領有する意味は十分達せられていると指摘した。しかし、湛山は、今では被侵略地の住民に国民的独立心が高まりつつある今日、「いかなる国といえども、新たに異民族または異国民を併合し支配するが如きことは、到底出来ない相談」で、「過去において併合したものも、漸次これを解放し、独立または自治を与うる外ないことになるだろう」と見通す。ならば台湾も朝鮮も満蒙も自ら手放すべきだと論じるのである。

大日本主義は、いかに利益があるにしても、永く維持し得ぬのである。果してしかりとせば、いたずらに執着し、国帑《こくど》を費やし四隣の異民族異国民に仇敵視せらるることは、まことに目先の見えぬ話と言わねばならぬ。どうせ棄てねばならぬ運命にあるものならば、早くこれを棄てるが賢明である。

吾輩は思う、台湾にせよ、朝鮮にせよ、支那にせよ、早く日本が自由解放の政策に出づるならば、それらの国民は決して日本から離るるものではない。彼らは必ず仰いで、日本を盟主とし、政治的に、経済的に、永く同一国民に等しき親密を続くるであろう。

満州事変勃発直後の1931年（昭和6）10月10日号社説『満蒙問題解決の根本方針如何《いかん》』で湛山は、「我が国は人口多く、土地は狭いから、是非そのハケ口を支那大陸に求めねばならぬ」と説く人々に対し、こう反駁した。

人口問題は、領土を広げたからとて解決は出来ぬ。論より証拠、我が国は、明治二十七、八年の戦役以来、台湾、朝鮮、樺太を領土に加え、関東州、南洋諸島を勢力下に置き、満州の経営にもまた少なからざる努力を払ったが、その結果は全く何ら人口問題の解決に役立っていない。将来とても恐らくは同様だ。

さらに湛山は1932年（昭和7）2月13日号の社説『支那に対する正しき認識と政策』では、「王道楽土」「五族協和」といったスローガンも見当違いの幻想に過ぎないと切り捨てた。

記者のここにはなはだ懸念に堪えざるは、この頃満州に在る軍部の新人等々の中には、往々にして検討不十分な空想を恣《ほしいまま》にし、この際満蒙を一つの理想国家に仕上げんなどと、真面目に奔走せる者があると伝えらるることである。いわゆる理想国家とはどんなものか知らないが、日本の国内にさえも実現出来ぬ理想を、支那人の住地たる満蒙にどうしてこれを求め得ようか。社会主義者の中には、旧《ふる》くからしばしば理想社会建設の目的で、無人の新土に殖民を企てた者があったが、一つとしてその成功した例はない。いわんや満蒙は、もともと社会主義者ならぬ支那人の住む土地である。その支那人を相手に理想国家の建設などとは見当違いもはなはだしい。

満州事変と満蒙開拓移民に関する二人の社説を見てきたが、2021年1月に亡くなった作家の半藤一利氏は『戦う石橋湛山』(東洋経済新報社)の中で、当時の新聞界の状況を「朝日・毎日の大資本による全国紙は、報道戦の名のもとに、戦況ニュースの速報において地方紙や群小紙を圧倒」し、「ニュースの最重要な特性である客観性が、センセーショナリズムに侵され、特大の活字でくり返され、軍部の選択したコースへ世論を誘導していく役割だけをはたす」ことになったと分析している。そして、「大新聞の社説が、この『新報』の社説と同じように客観的で感情を抑えたリベラルなものであったら、おそらく国民感情はまったく違ったものになっていたのではないか」と述べている。

かたや悠々だが、当時の長野県は1929年(昭和4)からの世界大恐慌の影響で製糸業者や養蚕農家が大打撃を受け、深刻な不況に見舞われていた。地元紙の主筆である悠々が窮状の打開策として満蒙開拓移民を推したのは無理からぬことだったろう。しかし、後年『他山の石』誌上で特高警察の検閲に抗いながら日中戦争の早期終結と日中提携を主張し続けた反骨の晩年に思いを致す時、私は満州事変当時の社説に複雑な思いを禁じ得ない。それは死の直前に『他山の石』に掲載された悠々の文章を読むとき、なお一層強く感じるのである。

人は誰でも、一国家、一民族の構成員である限り、彼の心理作用はその従属国家または民族の伝統によって左右されます。だが、この伝統はややもすれば、往々にして、またほとんど常に、世界の平和、人類の幸福を阻止し、破壊すらもした。

私たちはこの一大弊害に顧みて、なるべく超国家的、超民族的でありたいと思います。そして世界の平和、人類の幸福に貢献したいと思います。

『他山の石』1941年（昭和16）8月20日号

地域に根ざすローカルジャーナリズムの末裔として、「超地域的」な視点も必要であることを悠々の社説は教えてくれていると思う。

4. 戦争体験を継承する意味

最後に、私たちは満蒙開拓団の記録をどう読むべきなのか。日本近現代史が専門の岩手大学教育学部教授・今野日出晴氏は近刊の編著『なぜ戦争体験を継承するのか』（みずき書林）で次のように述べている。少々長いが、締めくくりとして引用したい。

なぜ、この人たちがこんなひどいめにあわなければならなかったのか、戦争全体を見渡し、その構造や仕組みを見据えたうえで、その苦難の意味を考えることが必要になってくる。個人の体験とそれを強いた戦争という構造（日常生活も含みこんで）を、どのように捉えることができるのか、人の命を軽視する時代状況とは果たして何なのか、現在との遠近法のなかで把握することも求められてくる。
死者をも含めた他者の痛みや苦しみを深く想起し、かけがえのない戦争経験として、自分自身の身体を通して共有していくことができれば、それは、人権と呼ばれるものの根源に触れるだけではなく、〈ポスト戦争体験の時代〉において、国境をこえても成り立ちうる人権とは何か、新たな社会的・歴史的コンテクストを創り出すことにつながるかもしれない。

これから戦争体験者のいない時代がやってくる。それでも私たちはこの証言記録を丹念に読み込むことで体験者の苦痛を思い共有することができる。折しも2021年は日本が戦争の道へ踏み出した満州事変から90年でもある。復刻された本書は過去を検証し、未来を見通すための貴重なテキストになると信じている。

「炭鉱のカナリア」であるために

～あとがきに代えて

宮入恭平（社会学者／大学講師）

かつて、炭鉱労働者がカナリアを籠に入れて坑道を進んだ時代があった。坑内に有毒ガスがあれば、卒倒したカナリアのさえずりは止み、労働者は危険を察知することができる。アメリカの作家カート・ヴォネガットは、「芸術とは、社会全体の表現にほかならないもので、社会が危険な状態になったとき、芸術家は率先して炭鉱のカナリアのように声を上げるべきである」という「炭鉱のカナリア理論」（または「坑内カナリア理論」とも呼ばれている）を提唱した。感受性が極めて強いからこそ社会にとって有用である芸術家は、カナリアのように身を呈して社会に警鐘を鳴らす存在であるというわけだ。作家の大江健三郎はヴォネガットとの対談で、この「炭鉱のカナリア理論」に言及している。大江は「作家の集まりで、私はヴォネガットさんの〝炭鉱のカナリア理論〟という意見を紹介したのです。すなわち、危機においての作家や評論家、文学者の役割は、炭鉱でガスに弱いためにすぐに卒倒してしまう、そのことで危険を知らせるカナリアのそれのようだという……」と語っている。(1) もちろん、その役割を担うのは、作家や評論家、文学者といった芸術や文学の世界に身を置く者だけではない。たとえば、報道の世界に身を置く者も、そのような存在であって然るべきはずだ。

二〇一九年十二月二十日、父が他界した。一九三二年生まれ、享年八十七歳。報道の世界に身を置き、若かりし頃は新聞記者を経験している。そして三十三歳のとき、信濃毎日新聞の連載企画「この平和への願い――長野県開拓団の記録」に記者の一人として加わることになった。一九六五年、姉はまだ三歳で、僕が生まれたのはその三年後だった。はたして父が「炭鉱のカナリア」であることに自覚的だったのかどうか、実際のところは分からない。ただ、少なくとも父が「炭鉱のカナリア」でありたいと願っていたことは推察できる。しばしば父は、戦争の酷さと平和の尊さについて口にすることがあった。もっとも、まだ幼かった僕は、そんな父の話に耳を傾けようとはしなかった。すべてではないにせよ、およそ多くの子どもたちがそうであるように、僕も戦争や平和などといった堅苦しい話題から目を背けようとしていたのは確かなことだ。それでも、父が子どもたちに向けて戦争の酷さと平和の尊さを伝えようとしていたことは、幼かった僕にも理解できた。そして、いつしか僕は、父がみずから体験した記憶を理解したような気になっていた。もっとも、それは僕の大きな誤解だった。僕が理解していたのは〈父の記憶〉ではなく、父が子どもたちに向けて何かを伝えようとしていた〈父との記憶〉にほかならなかったのだ。

いまさらながら僕は、生前の父からもっと多くの話を聞いておくべきだったと、〈父の記憶〉をきちんと確かめておくべきだったと、悔やんでも悔やみきれない思いを抱えているところだ。父から聞いておくべきだった話のなかには、満州での体験も含まれている。僕自身の微かな記憶と、それよりも少しは鮮明な姉の記憶をたどると、〈父の記憶〉の僅かな一部が露わになる。父は小学生のときに両親（僕にとっての祖父母）と二人の姉（僕にとっての伯母）とともに満州へ渡り、旧制中学の途中で終戦（敗戦）を迎えたときに一家はすでに離散していた。戦争末期に寝返ったソ連が日本に宣戦布告した際に、いわゆる「赤紙」が届いた祖父は戦地へ赴き、関東軍に勤めていた伯母の一人は秘密裏に満州を脱出した。残された祖母ともう一人の伯母、そして父の三人は逃避行を余儀なくされ、ソ連軍に追われたあげく抑留されることになった。抑留生活中は、来る日も死体の穴掘りを強いられ、足元にソ連兵の機銃掃射を受けたこともあったようだ。三人が日本に引き揚げたのは敗戦の翌年の一九四六年、九州（どの県だったのか定かではない）の港に到着した父はそのとき十四歳だった。幸運なことに、家族は郷里の長野で再会を果たすことができた。「とにかく、生きることに必死だった」と、父は姉に語ったことがあるそうだ。僕の微かな記憶のなかにも、抑留生活で非人道的に扱ったソ連兵に対しての差別的な言葉（＝ロシア人への蔑称）を口にする父の姿がある。もちろん、昨今のポリティカル・コレクトネスが声高に謳われるなかで、父の言葉遣いは許されるものではないかもしれない。もっとも、そのような倫理観は、平和な世界だからこそ成立するものでもある。戦争とは、そういうものなのだ。そして、捕虜としてドレスデンで爆撃に遭遇するという経験のある、戦火を生き抜いたカート・ヴォネガットならば、自身の小説で用いる常套句のようにこう呟くだろう――「そういうものなのだ（So it goes）」と。

父が報道の世界を志した理由には、満州での体験があったからに違いない。戦争の酷さと平和の尊さを訴えるために、父は新聞記者の道を選んだのだろう。もちろん、ここには、父が「炭鉱のカナリア」であってほしかったという、僕の個人的な願望も加味されていることは否めない。それでも、若き父が新聞記者として、みずからの満州での体験を踏まえた記事を書いたのは紛れもない事実だ。偶然にも、父が籍を置いた信濃毎日新聞社では、かつて「炭鉱のカナリア」として警鐘を鳴らした桐生悠々が主筆を務めていた。一九三三年八月十一日の社説「関東防空大演習を嗤ふ」は軍部への批判と見做され、のちに信濃毎日新聞社を追われる身となった。それでも悠々は「言わねばならないこと」のために、一九四一年九月にその生涯を終えるまで、権力に抗いながら警鐘を鳴らし続けたのだ。北陸朝日放送が制作したドキュメンタリー番組『言わねばならないこと――新聞人 桐生悠々の警鐘』の上映会に訪れたのは、父が亡くなる半年ほど前の二〇一九年七月のことだった。その番組のディレクターが著した『新聞記者・桐生悠々 忖度ニッポンを「嗤う」』の帯には、「抵抗のジャーナリストが鳴らす令和への警鐘」という言葉が綴られている[2]。民主主義や平和があまりにも軽んじられつつあるいまだからこそ、警鐘を鳴らすカナリアの存在が求められているのかもしれない。

最後に、今回の「復刻継承版」刊行にあたり、寄稿依頼にご快諾のうえ素晴らしい文章をご執筆いただいた北陸朝日放送の黒崎正己氏と、復刊への大いなるご理解とご協力をいただいた信濃毎日新聞社の菊池正則氏には、亡き父と母、復刊を切望した姉ともども、本当に感謝している。そして、この本が「炭鉱のカナリア」の役割を担うことを心から願っている。

注

（1）「炭鉱のカナリア理論」については、カート・ヴォネガット・ジュニア／浅倉久志訳『プレイヤー・ピアノ』（ハヤカワ文庫、一九七五年）、カート・ヴォネガット／飛田茂雄訳『ヴォネガット、大いに語る』（サンリオ文庫、一九八四年）、巽孝之監修、伊藤優子編著『カート・ヴォネガット』（彩流社、二〇一二年）に詳しい。

（2）桐生悠々については、井出孫六『抵抗の新聞人　桐生悠々』（岩波新書、一九八〇年）、黒崎正己『新聞記者・桐生悠々　忖度ニッポンを「嗤う」』（現代書館、二〇一九年）に詳しい。

満州開拓年表

一九二六年（昭和元）　年号昭和と改める
一九二七年（昭二）　金融恐慌始まる／第一次山東出兵
一九二八年（昭三）　張作霖爆殺事件
一九二九年（昭四）　**拓務省設置**
ニューヨーク株式大暴落／世界恐慌始まる
一九三〇年（昭五）　**八ケ岳山ろくに信濃拓殖練習所開設**
ロンドンで海軍軍縮会議
一九三一年（昭六）　**満州移民論高まる**
満州事変
一九三二年（昭七）　**満州愛国信濃村建設計画作成／信濃教育会から満州視察／拓務省満州特別農業移民（武装移民）第一次送出**
上海事変／満州国できる／五・一五事件
一九三三年（昭八）　**拓務省第二次満州移民に県下から二十八人送出／御牧ケ原修練農**

場開設／関東軍移民部設置／土地買収をめぐる土竜山事件起こる

一九三四年（昭九） ドイツ・ヒトラー内閣できる／関東軍熱河省に進出／日本、国際連盟を脱退

拓務省第三次満州移民に県下から二十七人送出

日本ワシントン条約廃棄を通告

一九三五年（昭一〇） **拓務省第四次満州移民に県下から五十五人送出／満州拓殖会社設立**

一九三六年（昭一一） 永田鉄山軍務局長殺害事件／イタリア、エチオピアに侵入

第五次満州移民黒台信濃村入植／満州移住協会組織

二・二六事件／日独防共協定できる

一九三七年（昭一二） **第五次満州移民南五道崗長野村入植／青少年義勇隊先遣隊出発／青少年開拓民実施要領決定**

蘆溝橋事件、日中戦争始まる／国民精神総動員運動始まる

一九三八年（昭一三） **中和鎮信濃村、四家房大日向村入植／第七次満州移民先遣隊出発／義勇隊訓練所を満州嫩江、寧安、勃利、鉄麗、孫呉の五カ所に**

設置／各地で満州花嫁の養成訓練始まる

一九三九年（昭一四）

国家総動員法成立／東亜新秩序建設声明

第八次満州移民下伊那郷、千代村、蓼科郷、上久堅村、張家屯信濃村、読書村、泰阜村、川路村、富士見村入植／義勇隊第二次訓練生県下から七百十一人渡満／満州開拓基本要綱を日満両国政府公表

ノモンハン事件／ドイツ、ポーランドに侵入／第二次大戦始まる

一九四〇年（昭一五）

第九次満州移民西五道崗長野区、大門村、更級郷、高社郷、下水内郷、芙蓉郷、水曲柳松島開拓団、千曲郷、中和堡長野村入植／義勇隊県下から六百二十六人渡満／桔梗ケ原女子訓練所開設／児童拓務講習会始まる

ドイツ、フランスなどに侵入／日独伊三国同盟成立／大政翼賛会できる

一九四一年（昭一六）

第十次満州移民八ケ岳郷、黒姫郷、木曽郷、伊那富郷、埴科郷、小県郷、佐久郷、小諸郷、信磨村、信濃村破竹開拓団入植／義勇

隊全国一万七千人採用（県下千百五十二人）／農工開拓団送出／信濃教育会が松本市で興亜教育大会開く

日ソ中立条約成立／日米交渉始まる／独ソ開戦／関東軍がソ満国境で特別演習／東条内閣成立／真珠湾攻撃、日本軍がマレー半島上陸／米、英、蘭に宣戦し、太平洋戦争始まる

一九四二年（昭一七）

第十一次満州移民旭日落合村、上高井郷、南安曇郷、東筑摩郷、伊南郷、三峰郷、富貴原郷、第二木曽郷、河西郷入植／義勇隊県下から九百八十人渡満／農工開拓団三団県下から送出

日本軍シンガポールを占領／米軍機東京空襲／ミッドウエー海戦／米ガダルカナル島上陸／大東亜省できる

一九四三年（昭一八）

第十二次満州移民長野郷、岡谷郷、南信濃郷、第二埴科郷、北安曇郷、松本郷、飯田郷、農工開拓団入植／義勇隊七百六十三人送出

日本軍ガダルカナル島を撤退／イタリア無条件降伏／学徒出陣始まる

一九四四年（昭一九）　信濃海外協会解散／長野県開拓協会設立
満十八歳以上兵役編入／米軍機の本土空襲始まる
一九四五年（昭二〇）　東北満州各地の開拓団から男子根こそぎ動員／三江省通河県で満系警察官が蜂起し東筑摩郷被害／ソ連参戦で開拓団の避難、現地人の開拓団襲撃始まる／高社郷、佐渡開拓団跡で集団自決、佐渡開拓団跡で更級郷など避難者がソ連軍の攻撃を受けるなど各開拓団で犠牲者続出／避難群が長春、ハルビン、吉林、瀋陽などの都市に集中、ハシカ、発しんチフスなどで死亡者続出
米軍硫黄島上陸／ヤルタ会談／米軍沖縄に上陸／ドイツ連合軍に降伏／広島、長崎に原爆投下／ソ連参戦／日本ポツダム宣言を受諾し、第二次大戦終わる。
一九四六年（昭二一）　開拓団員引き揚げ始まる
新憲法公布

【解　説】

黒崎　正己（くろさき・まさき）

1968年（昭和43）石川県金沢市生まれ。金沢大学法学部卒。1991年に北陸朝日放送に入社後、アナウンサー、報道記者として主に原発問題の取材を続ける。ローカルニュースの戦後70年シリーズを総括したドキュメンタリー番組「宿命と、忘却と～“たった70年前”の戦争～」で2016年の民放連盟賞テレビ報道番組優秀賞を受賞。2018年に制作した「言わねばならないこと―新聞人・桐生悠々の警鐘―」が第1回むのたけじ地域・民衆ジャーナリズム賞の大賞に選出され、同作品のリメーク版「言わねばならないこと―防空演習を『嗤った』男・桐生悠々―」ではテレビ朝日系列の第25回PROGRESS賞の最優秀賞を受賞した。2020年7月から同社報道制作局長。

装　丁　石坂淳子
挿　絵　伊藤正大

復刻継承版
この平和への願い　長野県開拓団の記録

2021年5月31日　初版発行

編　者　信濃毎日新聞社
発　行　信濃毎日新聞社
〒380-8546 長野市南県町657
電話　026-236-3377
ホームページ　https://shop.shinmai.co.jp/books/
印刷所　信毎書籍印刷株式会社
製本所　株式会社渋谷文泉閣

ISBN978-4-7840-7382-5　C0036